平凡社新書
1058

学校 行きたくない

不登校とどう向き合うか

榎本博明
ENOMOTO HIROAKI

HEIBONSHA

学校 行きたくない●目次

第3章 学校に行かないといけないのか

はじめに

不登校というと、学校から脱落するという感じの否定的なとらえ方をする人が多いかもしれない。だが2016年に文部科学省が、不登校を問題行動であるととらえるべきではない、という立場への転換を表明し、毎年、実数把握などのために実施される調査の名称を、「児童生徒の問題行動等生徒指導上の諸問題に関する調査」から「児童生徒の問題行動・不登校等生徒指導上の諸課題に関する調査」へと変えたのは、画期的なことであった。

不登校は、日頃の自分を見つめ、自分の生き方を見直す機会になっているという見方もある。たしかに何の疑問ももたずに何となく惰性で学校に通っている者や、ひたすら成績向上を目指す学校文化の枠組みに疑問をもつことなく突き進む者と比べて、「これでよいのか」「自分はこんな生き方をほんとうにしたいのか」と自分の心の声に耳を傾ける姿勢は、むしろ人間として高等なあり方ではないか、そんなふうに感じる事例もある。実際、そのような思いを訴える者の語りに、カウンセリングの場で耳を傾けることもあった。

これは何も学校時代に限らない。社会に出て働いている大人でも、企業文化の枠組みに何の疑問も抱かず利潤追求・ノルマ達成に向けてひた走る者と比べて、そうした枠組み自体に疑問を抱き、何となくむなしさを感じ、「これでいいのか」「人々のためになっているだろうか」「自分はこんな生き方をほんとうにしたいのか」と自分の心の声に耳を傾け立ち止まる者は、けっして落ちこぼれというわけではなく、むしろ納得のいく人生を真剣に模索する姿勢をもっているとみなすこともできる。

では、不登校はあるべき自分の姿を求めて目の前の現実に疑問をぶつける建設的な動きだ、と肯定してよいのだろうか。それはどうも違う気がする。不登校気味の生活をしながらも、自分自身を振り返って深く見つめる姿勢が感じられず、とくに納得のいく生き方をめぐって悩んでいるとも思えない事例も少なくないように思われる。

さらには、不登校を長く続けることで進路選択の幅が狭まってしまうという現実もある。進路選択どころか、自信をもって社会に出ていくことができず、非常に息苦しい生活に甘んじなければならない場合もある。そう考えると、不登校のままでいいと安易に肯定するのは危険である。実際、不登校時代の苦しさを吐露する不登校経験者の声もあるし、不登校を乗り越えて学校に通うようになったことで自信を得た者もいる。

文部科学省が２０２０年から21年にかけて、前年度に不登校を経験し、調査時に登校または教育支援センターに通所実績のある小学6年生と中学2年生を対象として実施した「不登校児童生徒の実態把握に関する調査」では、「もっと登校すればよかったと思っている」と学校を長期に休んだことを後悔している者が小学6年生で25・2％、中学2年生で30・3％となっており、「登校しなかったことは、自分にとってよかったと思う」や「しかたがなかったと思う」「何も思わない」などと比べて、はるかに多くなっている。

また、調査時点で「楽しく登校している」という者が小学6年生で16・4%、中学2年生が11・8%と比率は低いものの、不登校を経験した後に楽しく登校している者もかなりの人数にのぼっている。

文部科学省が2016年に、不登校を問題行動とみなすべきではなく、登校させることだけを支援の目標とすべきではないとしたことの影響もあるのだろうが、学校を休むことに対する抵抗感の乏しい児童生徒や保護者が増えている。それを不登校への理解が進んだととらえる人もいるようだが、ちょっとしたことが深刻な不登校につながることもあるので、学校を休むことを安易に容認するのは問題である。

それに、不登校の子どもたちの中には、登校できないことで苦しんでいる者が非常に多い。行かなければと思うのに行けない、つまり自分の気持ちや行動を自分でコントロールできないことの歯がゆさは計り知れない。そう考えると、学校に無理に行かなくてもよいと考える風潮には、それによって子どもは不登校のまま放置され、その子をかえって苦しめる側面もあるのではないか。

不登校が増えるのは、多くの子どもたちの適応能力の問題ではなく、学校が子どもたちの個性に適応できていないのだ、ゆえに変わるべきは子どもではなく学校なのだ、といった議論を耳にすることもある。だが、子どもひとりひとりの個性に対応した人間関係や勉強の学びの場としての学校というのは、どのようなものになるのだろうか。

不登校の児童生徒の居場所として不登校特例校やフリースクールなどを充実させる動きに対して、そのような不登校を前提とした対応ではなく、そもそも不登校にならないような魅力的な学校づくりを目指すべきではないかという意見もある。それも重要な視点ではあるだろう。

だが、どのような場が魅力的なのかは子どもによってさまざまに異なる。仲間に交じってかかわりの世界で過ごすのが好きな子もいれば、そんな世界は疲れるから嫌だという子もいる。「わかる授業」「楽しい授業」にすべく授業改善をする必要があるともいわれる。もちろん、それも大事なことではあるが、どのような授業なら「わかる」のかは子どもの能力やすでにもっている知識によって大きく異なるし、どのような授業が「楽しい」のかは子どもの興味や性格によっても違ってくる。

学校を批判するのは簡単だが、学校現場で必死に頑張っている教員もたくさんいるわけだし、今の学校の置かれた状況下でできることにも限りがある。そうした制約の中で何ができるかを考えることも大切だし、取り払うべき制約があればどうすればよいかを検討することも必要である。また、学校外に期待せざるを得ないことは何かを考える必要もあるだろう。

こうしてみてみると、不登校の理解や支援のためには、さまざまな視点から考え想像力を働かせる必要があることがわかる。不登校とひとくちにいっても、その事情はじつにさまざまである。不登校に至る事情が異なれば、その後の様相も違ってくる。大切なのは、ひとりひとりの事情にしっかりと目を向けることである。

そこで、個々の事情について理解し、何らかの対応を進めていくためのヒントになるような視点を示していくことにしたい。

第1章　学校に行きたくない、行けない子どもたち

増え続ける不登校

不登校の子どもの人数は、10年前まではほぼ変わらずに推移していたのだが、それ以降年々増加しており、ここ数年は急激に増加している。

文部科学省の「令和4（2022）年度 児童生徒の問題行動・不登校等生徒指導上の諸課題に関する調査」の結果によれば、「病気」や「経済的理由」「新型コロナウイルスの感染回避」など特別な事情により休んでいる者を除いた不登校の児童生徒の人数は、29万9048人と過去最多となっており、10年連続で増加している。

学年別にみても、小学1年生から中学3年生まで、すべての学年において前年よりも増加しているのである。

2022年度の不登校の児童生徒の人数は、小学1年生が6668人と最も少なく、学年が上がるにつれて増加し、小学6年生では3万7771人と5倍近くになった。そして、中学生になると不登校人数は著しく増え、中学1年生で5万3770人となっており、さらに中学2年生では7万6222人と小学6年生の2倍以上となる。中学3年生ではとくに増えず、ほぼ横ばいで6万9544人であった。

子どもの数は減っているのに、不登校の人数は逆に増えている。ここから不登校に陥る子どもたちの比率が著しく増えていることがわかる。その証拠に、1000人あたりの不登校の児童生徒数は、2012年の10・9人から2022年の31・7人へと、10年間で3倍に増えている。

ここ数年の不登校の急増には、新型コロナウイルスによる休校や在宅学習の影響もあるものと思われる。この調査では、新型コロナウイルスの感染回避のための欠席は不登校には含まれていないのに、どうしてと思われるかもしれない。しかし、新型コロナウイルスの感染回避のための欠席あるいは在宅学習であっても、学校に行かない日常を過ごすことが、その後の不登校のきっかけとなることもあるのではないだろうか。

ただし、それ以前から不登校は増加傾向にあるので、別の要因も絡んでいるのは間違いない。それについては、順を追って考えていくことにしたい。

そもそも不登校とは

病気や経済的事情などやむを得ない理由なしに学校を長期欠席することを、かつては登校拒否といい、今では不登校というが、漠然と不登校という言葉を使っているものの、どういう状態を不登校というのか、よくわからないという人も少なくないのではないか。たとえば、ときどき欠席する子は不登校なのだろうか。毎週のように1日か2日休む子は不登校なのだろうか。2週間か3週間連続して欠席し、その後は登校している子は不登校なのだろうか……。

不登校について考える際には、それがどういう状態を指すのかをはっきりさせる必要がある。そこで、まずは不登校の定義を確認しておくことにしたい。

文部科学省では、調査を行うに当たって、不登校児童生徒とは「何らかの心理的、情緒的、身体的あるいは社会的要因・背景により、登校しないあるいはしたくともできない状況にあるために年間30日以上欠席した者のうち、病気や経済的な理由による者を除いたもの」と定義している。

要するに、病気とか経済的な事情によるやむを得ない欠席ではなしに、年間30日以上欠席した児童生徒を不登校とみなすのである。かつては登校したくてもできない者を典型的な不登校とみなしていたが、今では登校したくない者も含めて不登校とみなしている。

学校に行くことには抵抗があるものの、学習意欲のある児童生徒に対しては、学校外で学習活動ができるように支援しようという動きもある。

たとえば、文部科学省は２０１９年の「不登校児童生徒への支援の在り方について」において、義務教育段階の不登校児童生徒が学校外の公的機関や民間施設において、指導・助言等を受けている場合、このような児童生徒の努力を学校として評価し支援するため、一定の要件を満たすときに、これらの施設において指導・助言等を受けた日数を指導要録上出席扱いとすることができる、としている。

さらに、不登校児童生徒の中には、学校への復帰を望んでいるにもかかわらず、家庭にひきこもりがちであるため、学習の遅れなどが学校への復帰や中学校卒業後の進路選択の妨げになっていたりすることもあるため、自宅において教育委員会、学校、学校外の公的機関または民間事業者が提供するICT（情報通信技術）等を活用した学習活動を行った場合、一定の要件を満たしたうえで、校長は指導要録上出席扱いとすること、およびその成果を評価に反映することができる、としている。

そうなると、一定の条件を満たしている場合は、たとえ登校していなくても、文部科学省による毎年の調査で不登校児童生徒数に含まれないことになる。ただし、そのような子どもたちも登校できないという意味では不登校状態にあり、それによる葛藤を抱えていると思われる。

こうしてみると、実際には統計データによって表面にあらわれている数以上に不登校状態にある子どもたちがいると考えるべきだろう。

不登校のきっかけ

では、どんなことがきっかけで不登校になるのだろうか。

「はじめに」でも紹介した、文部科学省が２０２０年から21年にかけて、前年度に不登校を経験し、調査時に登校または教育支援センターに通所実績のある小学6年生と中学2年生を対象として実施した「不登校児童生徒の実態把握に関する調査」では、不登校のきっかけについても尋ねている。

一番最初に学校に行きづらい、休みたいと感じ始めたときのきっかけとして（複数回答）、小学6年生があげたのは、主に以下のようなことであった。

「先生のこと（先生と合わなかった、先生が怖かった、体罰があったなど）」（29・7％）
「身体の不調（学校に行こうとするとおなかが痛くなったなど）」（26・5％）
「生活リズムの乱れ（朝起きられなかったなど）」（25・7％）
「友だちのこと（いやがらせやいじめがあった）」（25・2％）
「勉強がわからない（授業がおもしろくなかった、成績がよくなかった、テストの点がよくなかったなど）」（22・0％）
「友だちのこと（いやがらせやいじめ以外）」（21・7％）
「インターネット、ゲーム、動画視聴、SNS（LINEやツイッター〈現X〉）など

の影響（一度始めると止められなかった、学校に行くより楽しかったなど）」（18・1％）
「なぜ学校に行かなくてはならないのかが理解できず、行かなくてもいいと思った」（13・6％）

中学2年生があげたのは、主に以下のようなことであった。

「身体の不調（学校に行こうとするとおなかが痛くなったなど）」（32・6％）
「勉強がわからない（授業がおもしろくなかった、成績がよくなかった、テストの点がよくなかったなど）」（27・6％）
「先生のこと（先生と合わなかった、先生が怖かった、体罰があったなど）」（27・5％）
「友だちのこと（いやがらせやいじめ以外）」（25・6％）
「友だちのこと（いやがらせやいじめがあった）」（25・5％）
「生活リズムの乱れ（朝起きられなかったなど）」（25・5％）
「インターネット、ゲーム、動画視聴、SNS（LINEやツイッター）などの影響

（一度始めると止められなかった、学校に行くより楽しかったなど）」（17・3％）
「なぜ学校に行かなくてはならないのかが理解できず、行かなくてもいいと思った」（14・6％）
「部活動の問題（部活動に合わなかった、同じ部活の友だちとうまくいかなかった、試合に出場できなかった、部活動に行きたくなかった）」（13・3％）

このように小学生の回答も中学生の回答も、非常に多岐にわたっている。こうした調査データからは、身体の不調や生活リズムの乱れなどの個人的要因、友だち関係や先生との関係など人間関係的要因、勉強がわからないなど学習的要因など、さまざまなことが不登校のきっかけとなり得ることがわかる。

朝起きられないことがきっかけで学校に行けなくなる子もいれば、お腹が痛くなり学校に行けなくなる子もいる。友だちとのトラブルがきっかけで学校に行けなくなる子もいれば、仲の良い友だちがいないことで学校に行けなくなる子もいる。勉強がわからなくて学校に行けなくなる子もいれば、悪い成績を取ったことがきっかけで学校に行けなくなる子もいる。じつにさまざまなことが不登校のきっかけになるわけである。

複数のきっかけが絡み合っていることもよくあるので、この調査では複数回答を可としている。たとえば、朝学校に行こうとするとお腹が痛くなるが、そこには友だち関係の問題が絡んでいるといったケースもあるだろうし、授業がわからないことが絡んでいるといったケースもあるだろう。

不登校に至る要因に関しては、ほかの調査データも併せて、あとで詳しくみていくことにしたい。

学校に行きたくない子どもたち

不登校というと、かつては「学校に行きたいと思うのに、なぜか行けない」という葛藤を抱える、いわゆる「良い子の息切れ型」ばかりがクローズアップされてきた。だが、このところの不登校の急増の中身をみると、不登校のタイプも多様化しているように思われる。無気力型の不登校が多くなっているといわれるが、学校に行かないことに対する罪悪感がなく、「学校なんて行きたくない」という思いから不登校気味になる者も目立つ。

そのようなタイプの場合、学校に行かないことによる葛藤がほとんどみられない。同じ不登校でも、学校に行かなければと悩むタイプもいれば、学校に行かないことに関してとくに悩まないタイプもいるのである。そうなると、タイプによって対応の仕方も変えていく必要があるだろう。

臨床心理学の領域においても、かつてのような神経症的な葛藤を抱えるタイプが多い時代には、登校刺激を与えないようにして葛藤を和らげようという対応が推奨されていたが、近年は学校に行かないことに対する葛藤がみられないケースも多いため、登校刺激を与えないようにといった対応ではかえって不登校を長引かせるだけなのではないかとの指摘もある。

実際、文部科学省の不登校児童生徒の実態把握に関する調査企画分析会議による、前年度に不登校を経験した小学6年生および中学2年生を対象とした「不登校児童生徒の実態把握に関する調査報告書」（２０２１年）では、前年度に学校を休んでいた間の気持ちを尋ねているが、それをみても葛藤のみられない不登校もかなり多いことが窺《うかが》われる。

不登校中の気持ちとして、小学6年生では、「勉強の遅れに対する不安があった」（63・8％）、「進路・進学に対する不安があった」（47・0％）、「自分のことが嫌で仕方なかった」（43・6％）というように不安や自己嫌悪に苛《さいな》まれる者もいるものの、「ほっとした・楽《らく》な気持だった」（69・7％）、「自由な時間が増えてうれしかった」（65・9％）というようにポジティブな気持ちを報告する者もおり、むしろ後者の方が比率が高くなっている。

中学生では、進路に対する意識が強まることもあって、「勉強の遅れに対する不安があった」（74・2％）、「進路・進学に対する不安があった」（69・2％）、「自分のことが嫌で仕方なかった」（58・4％）というように不安や自己嫌悪に苛まれる者が小学生よりもかなり多くなるが、「ほっとした・楽な気持だった」（69・2％）、「自由な時間が増えてうれしかった」（66・0％）というようにポジティブな気持ちを報告する者も非常に多い。

このような調査データからも、学校に行けないことによる葛藤に苦しむタイプだけでなく、そうした葛藤にそれほど苦しまずに、むしろ自由を楽しんでいるタイプもかなりいることが推測される。

学校に行けないことによる葛藤に苦しんでいるのであれば、登校刺激を避け休息を取らせることで葛藤を和らげ、心のエネルギーの回復を図る、必要に応じてカウンセリングによって気持ちを整理し、再登校につなげていく、といった支援も有効だろう。

だが、学校に行かないことをそれほど悩んでおらず、むしろ楽しんでいるような場合は、深刻な葛藤がないためカウンセリングにつなげるのが難しいだけでなく、登校刺激を避けていたらいつまでも登校しないままになる可能性もある。

こうしてみると、同じく不登校といっても、その心理メカニズムは多様化しており、それぞれの事例に添った対応が必要となる。そのためにも、不登校の背後にある心理メカニズムを読み解きながら適切な対応をしていくことが大切だろう。

「学校　行きたくない」という心理

不登校が急増していることの背景として、「学校　行きたくない」という心理が多くの児童生徒の間に広がっているということがあるのではないか。つまり、不登校予備軍として、学校に通ってはいるものの、「学校　行きたくない」という気持ちを抱えている者の存在があるとみられる。

不登校の心理について理解するには、そのような気持ちを抱える者の実態を知っておくことも必要である。

静岡県健康福祉部健康増進室（現厚生部医療健康局健康増進室）および静岡県教育委員会体育保健課（現スポーツ振興課）が主体となり、公立の小学校・中学校および県立高校の児童生徒を対象とした「子どもの生活実態調査」が２００３年に実施されている。

その調査では、「学校に行きたくない」という気持ちを不登校傾向とみなし、不登校傾向が子どもたちの間にどの程度広まっているかを調べている。

そこでは、「学校に行きたくない」と思うことがあるかどうかを4件法（4つの選択肢）で答えてもらっている。そして、「しばしば感じている（一週間に一度程度）」と回答した者を「不登校傾向あり」とみなし、「ときどき感じている（一か月に一度）」「たまに感じている」「感じていない」と回答した者を「不登校傾向なし」とみなしている。

その結果、不登校傾向は、小学生では男子の11・4％、女子の9・8％、中学生では男子の12・1％、女子の19・6％、高校生では男子の25・3％、女子の35・9％にみられた。

このように、学校段階が上がるほど不登校傾向を示す者の比率は高まり、中学生や高校生では男子より女子の方が比率が高くなっている。具体的には、小学生で不登校傾向を示したのは1割程度であったが、中学生ではとくに女子が2割ほどに増えており、高校生では男子で4人にひとり、女子では3人にひとりが不登校傾向を示していた。

なお、不登校傾向は、活力低下、イライラ感、疲労倦怠感、朝眠くてなかなか起きられないなどの自覚症状・生活習慣関連要因と関係があることが示されている。

このように不登校傾向が児童生徒の間に広まっていることを考えると、不登校の予防のためには、不登校傾向、つまり「学校に行きたくない」という気持ちを抱いている児童生徒を見極めることも大切となる。それは内面的な傾向であるため、外から教師や親が見極めるのは難しい。そこで、質問に答えてもらうことによってつかむしかない。そのための質問項目のリストがあれば便利である。

心理学者の五十嵐哲也は、小学生の不登校傾向を測定する心理尺度を作成している。それは、「休養を望む不登校傾向」と「遊びを望む不登校傾向」の2つの因子で構成されている。


「休養を望む不登校傾向」は、つぎのような質問項目から成っている。

・学校に行っても、保健室や相談室ですごしたい
・学校では、授業より、保健室や相談室の先生と話したい
・少しのことで気分が落ち込み、学校に行くのがつらい

・教室に行かなくても保健室や相談室で勉強できればいいと思う
・学校に行くと、誰かに悪口を言われているような気がしてこわい
・学校に行くことを考えたら、頭が痛くなったり、気持ちが悪くなったりすることがある

「遊びを望む不登校傾向」は、つぎのような質問項目から成っている。
・学校に行かず、家で友達と遊んでいたい
・学校に行かず、家でゲームをしてすごせたらいいと思う
・学校へ行ったり家にいたりするより、それ以外の場所で友達とずっと遊んでいたい
・学校や自分の家で仲のいい友達とすごすより、友達の家ですごす方が楽しい

このような気持ちになることが多い場合は、たとえ毎日登校していても不登校傾向をはらんでいるとみなすことができ、何らかの予防的な対応が求められる。ただ

し、実際に小学生に心理尺度に答えてもらうのは難しいかもしれないので、何気ない会話を通して、こうした項目に該当する心理傾向をもっているかどうかを見極める必要があるだろう。

さらに五十嵐たちは、中学生の不登校傾向を測定する心理尺度を作成している。それは、「別室登校を希望する不登校傾向」「遊び・非行に関連する不登校傾向」「精神・身体症状を伴う不登校傾向」「在宅を希望する不登校傾向」の4つの因子で構成されている。

「別室登校を希望する不登校傾向」は、つぎのような質問項目から成っている。

- 学校に行っても、保健室や相談室ですごしたい
- 学校では、授業より、保健室や相談室の先生と話したい
- 教室に行かなくても保健室や相談室で勉強できればいいと思う

「遊び・非行に関連する不登校傾向」は、つぎのような質問項目から成っている。

・学校へ行ったり家にいたりするより、それ以外の場所で友達とずっと遊んでいたい
・学校に行かず、家で友達と遊んでいたい
・学校や自分の家で仲のいい友達とすごすより、友達の家ですごす方が楽しい
・夜おそくまで外で遊んでいて、学校に行くのがつらいと思うことがある

「精神・身体症状を伴う不登校傾向」は、つぎのような質問項目から成っている。

・少しのことで気分が落ち込み、学校に行くのがつらい
・学校に行くと、誰かに悪口を言われているような気がしてこわい
・学校に行くことを考えたら、頭が痛くなったり、気持ちが悪くなったりすることがある
・学校に行ってしまえば楽しいが、それまでは行きたくないと思っている

「在宅を希望する不登校傾向」は、つぎのような質問項目から成っている。

・先生や友達と会いたいので、家にいるより学校に行きたい（この項目は、否定すると不登校傾向ありとなる）
・学校に行かず、家でゲームをしてすごせたらいいと思う

このような気持ちになる場合は、たとえ毎日登校していても、不登校傾向をはらんでいるとみなすことができ、何らかの予防的な対応が求められる。ただし、中学生であれば心理尺度に回答するのは簡単かもしれないが、正直に答えるとは限らない。そこで日頃の言動に注意を払い、ときに何気ない会話を交わしながら、こうした項目に該当する心理傾向をもっているかどうかを見極める必要があるだろう。

このような不登校傾向の心理に着目することで、実際に不登校になるのを防ぐことも大切である。

実際、不登校に分類されないものの、不登校傾向を示している児童生徒はかなりの数にのぼると推測される。

日本財団が中学生を対象として２０１８年に実施した「不登校傾向にある子ども

の実態調査」では、年間欠席数が30日未満であるため不登校とはみなされないが、不登校傾向を示す中学生は約33万人で、文部科学省の調査における不登校中学生数の約3倍になるとしている。それは、比率としては10・2%であり、中学生の10人にひとりが不登校傾向を示していることになる。

この調査では、つぎのような生徒を不登校傾向があると分類している。

①不登校＝学校に行っていない状態が一定期間以上ある
　1週間以上連続など一定程度学校に行っていない（以下のタイプもだが、年間欠席数が30日以上にならない）
②教室登校＝学校の校門・保健室・校長室等には行くが、教室には行かない
　保健室登校、図書室登校、校長室登校、校門登校など
③部分登校＝基本的には教室で過ごすが、授業に参加する時間が少ない
　給食登校、遅刻や早退が多い、一時的に保健室などで過ごす
④仮面登校A（授業不参加型）

基本的には教室で過ごすが、皆とは違うことをしがちであり、授業に参加する時間が少ない

⑤仮面登校B（授業参加型）

基本的には教室で過ごし、皆と同じことをしているが、心の中では学校に通いたくない・学校が辛い・嫌だと感じている

このような生徒は年間30日以上欠席していないため、文部科学省の不登校の定義にはあてはまらず、不登校者数には含まれない。だが、これらに該当する不登校傾向のある中学生が10人にひとりもいるとしたら、ちょっとしたことがきっかけで本格的な不登校に至る者、いわば潜在的な不登校が数多くいると考えざるを得ない。

調査データから浮上する不登校の要因

すでにみてきたように、近年の不登校にはかつてのような葛藤がみられず、単なる無気力によるものが多くなっているといわれるが、その根拠としてしばしば引き

合いに出されるのが、文部科学省が毎年実施している子どもの問題行動や不登校に関する調査のデータである。

　前出の「令和4年度 児童生徒の問題行動・不登校等生徒指導上の諸課題に関する調査」の結果をみると、不登校の要因として、圧倒的に高い比率となっているのが「無気力、不安」である。小学生の不登校の50・9％、中学生の不登校の52・2％が無気力や不安によるものとされている。

　つぎに多いのが「生活リズムの乱れ、あそび、非行」で、小学生の不登校の12・6％、中学生の不登校の10・7％が生活リズムの乱れや遊び・非行によるものとされている。

　それに続くのが「いじめを除く友人関係をめぐる問題」で、小学生の不登校の6・6％、中学生の不登校の10・6％が友人関係によるものとされている。

　小学生でも中学生でも、これら3つが不登校の主要な要因とされている。ただし、3大要因といっても、「生活リズムの乱れ、あそび、非行」や「いじめを除く友人関係をめぐる問題」はせいぜい10％程度、あるいは10％以下なのに対して、「無気力、不安」が50％程度となっているため、近年の不登校は無気力によるものが多いといわれるようになったのである。

だが、すでに不登校のきっかけについてみてきたように、文部科学省が２０２０年から21年にかけて、前年度に不登校を経験し調査時に登校または教育支援センターに通所実績のある小学6年生と中学2年生を対象として実施した「不登校児童生徒の実態把握に関する調査」によれば、一番最初に学校に行きづらい、休みたいと感じ始めたときのきっかけとして、小学6年生があげたのは、「先生のこと」が最も多く29・7％であり、「身体の不調」（26・5％）や「生活リズムの乱れ」（25・7％）、「友だちのこと」（25・2％）よりもやや高い比率となっている。

中学2年生があげたのは、「身体の不調」が最も多く32・6％であるが、「勉強がわからない」（27・6％）や「先生のこと」（27・5％）も3割近い者があげている。

この調査データからは、身体の不調や生活リズムの乱れなどの個人的要因、友だち関係や先生との関係など人間関係的要因、勉強がわからないなど学習的要因など、さまざまなことが不登校のきっかけとなり得ることがわかる。

この2つはともに文部科学省による調査結果であるが、一方は不登校の要因として「無気力や不安」が圧倒的に高い比率になっているのに、他方では「身体の不調」と並んで「先生との関係」や「友だちとの関係」、小学生では「生活リズムの乱れ」、中学生では「勉強がわからないこと」なども、主な要因となっている。

なぜこのような違いが生じるのか。それは、前者は教員が児童生徒の不登校の要因を推測して回答し、後者は不登校の児童生徒自身が不登校の要因を振り返って答えていることにある。先生は本人自身の性質がとくに気になり、本人自身は学校での出来事がとくに気になるのであろう。

これは、どちらが正しいということではなく、どちらも不登校の重要な側面をとらえているといえるだろう。

両者を併せて考えると、単に児童生徒自身の不安・無気力だけで不登校になっているともいえない。教師がみなす不登校の要因と、児童生徒自身がみなす不登校の要因との間には、大きなズレがある。だが、児童生徒のあげる「先生のこと」も、先生の接し方に問題があると決めつけるべきではないだろう。そこには関係性というものがあり、相互作用がある。さらにいえば、児童生徒の側の認知傾向も絡んでいるかもしれない。

いずれにしても、教師や児童生徒が思いつく回答を過信すべきではないし、漠然とした不登校要因をはっきりとつかむのは難しい。

実際、「不登校児童生徒の実態把握に関する調査」では、最初に行きづらいと感じ始めたきっかけについて、「きっかけが何か自分でもわからない」という児童生徒が小学6年生で25・5％、中学2年生で22・9％というように、4人にひとりほどもいるのである。さまざまな要因が絡み合って不登校に至るということが多いのではないか。

さらには、「先輩ママたちが運営する不登校の道案内サイト『未来地図』（https://miraitizu.com/）」では、不登校または元不登校の子どもの保護者を対象とした調査を2021年に実施しているが、そこでも不登校の要因についての質問がある。

その結果、不登校の要因に関しては、以下のような傾向がみられた。

「子ども自身も、学校へ行けない理由が分からない」（37・5％）
「教職員との関係をめぐる問題」（37・4％）
「いじめを除く友人関係をめぐる問題」（30・4％）
「体調不良」（29・1％）

このように、自分の子どもが不登校になった当事者である保護者の4割近くが、本人も学校に行けない理由がわからないのだろうと感じたり、先生との関係によるものと感じたりしているのである。そして、体調不良や友だち関係によるものと感じている保護者も3割ほどいる。

やはり、不登校の理由ははっきりとしないことが多いのだろうし、体調不良が前面に出ていることも多いのだろう。だが、体調不良の背後には何らかのストレスになるような出来事が潜んでいることも考えられる。それは、文部科学省による調査でも指摘されているように先生との関係や友だちとの関係、あるいは勉強がわからないというような学習面の問題かもしれない。

ただし、たとえきっかけが先生とのやり取りであったり、友だちとのやり取り（いじめ以外）であったりしても、それによって身体の不調が生じるかどうかには個人差があり、また元々生活リズムの乱れがあればちょっとしたことで不登校に至りやすいかもしれない。その意味では、日頃の生活リズムの乱れなどの要因は、不登校のリスク要因として注視すべきであろう。

先述の日本財団が中学生を対象として2018年に実施した「不登校傾向にある子どもの実態調査」では、年間30日以上学校を休んでいる者（文部科学省の基準で不登校とみなされる者）があげる「中学校に行きたくない理由」は、つぎの通りであった。

「朝起きられない」 59・5％
「疲れる」 58・2％
「学校に行こうとすると、体調が悪くなる」 52・9％
「授業がよくわからない、ついていけない」 49・9％

「学校は居心地が悪い」　46・1％
「友達とうまくいかない」　46・1％
「自分でもよくわからない」　44・0％

このように不登校の要因として本人自身があげる要因も多岐にわたり、それぞれの比率が高いことから、複数の要因が絡み合っていることが窺える。

さらには、「朝起きられない」や「疲れる」といった要因の比率が最も高く、しかも過半数があげていることから、日頃の生活リズムの乱れや身体の不調は、不登校の重要なリスク要因とみなすべきだろう。

なぜ不登校が増えているのか

不登校がなぜ増え続けているのか。その理由を特定するのはなかなか難しい。そこにはさまざまな要因が複雑に絡み合っていると考えられるからである。そこで、複雑に絡み合っているであろうさまざまな要因とは何なのかについて考えてみたい。

それは、学校を取り巻く社会背景的な要因であったり、個人の心の発達に影響する生育環境的な要因であったりする。

何といっても大きいのが、学校のもつ意味が大きく変化してきていることだろう。第1に、学びにしても、遊びにしても、学校以外に学べる場や遊べる場が増えてきたということがある。それにより、学校の魅力が大きく低下してきている。

かつては学校で勉強するのが基本であり、それ以外に勉強する方法がなかった。ところが、塾業界が多くの子どもたちを取り込み、塾に通うことで学校よりも効果的に学ぶことすらできるようになった。また、オンライン学習などで、自宅にいても学ぶことができるようになった。そうなると、学校に行かなければ学べないというわけではなくなってきた。

遊びにしても、かつては学校に行けば友だちがいて、休み時間や放課後に友だちと遊ぶのが基本であったが、自宅にいても友だちとSNSでやり取りしたり、ゲームで遊んだり、インターネットを楽しんだり、オンラインゲームで知らない人とも遊んだりできるようになった。そうなると、学校という場に行かなくても、十分に楽しく遊べてしまう。

このように、勉強でも遊びでも、学校のもつ吸引力が大きく低下してきていることが、学校に行きたくない子の増加につながっていると考えられる。

第2に、個性重視の風潮により、一斉授業のもつ説得力が低下しているということがある。

子どもによって能力も違えば、性格も違うし、興味・関心も違う、だからみんな一緒でなくていいのだといった風潮が強まっている。

能力は人によって違うものだし、能力に応じた待遇が与えられるべきだとする欧米諸国では、義務教育段階でも飛び級や留年は当たり前となっている。一方、能力の違いにかかわらずみんな一緒の扱いをすべきだとする平等志向の強い日本においては、義務教育段階では飛び級や留年は原則として行わないし、習熟度別クラス編成も導入しにくいように、能力によって待遇を違えることには抵抗が強い。

それでも個性重視の風潮の影響で、興味・関心のない教科を学ぶ必要などないのではないか、好きなことをとことん追求するような学び方をしてもいいのではないか、などと考える保護者も出てきている。それによって一斉授業が基本の学校教育に疑問をもつ保護者も増えていることが、学校に行くのが当然といった規範意識を弱めていると考えられる。

さらには、学校の授業についていけない子の場合、習熟度別の授業でなく一斉授業では何もわからず、授業が苦痛なだけの時間になってしまう。それでも我慢して授業に出るべきだというような規範意識が低下しているため、授業に出る動機が弱まりがちとなっている。

第3に、文部科学省が不登校というものを問題行動とみなすべきではないとし、不登校の子どもたちの支援として、何が何でも学校に復帰させようとするのではなく、多様な学び方を認めようとする立場を打ち出したことも大きい（これについては、つぎの項で解説する）。それにより、学校は行くべきものだといった規範意識の低下がよりいっそう顕著になりつつあるといってよいだろう。

このような立場の表明は、学校に行けない子にも学ぶ機会を与えてあげるべきだとの理由から、多様な学び方を容認しようという意味で行われたものであり、けっして学校に行かなくてもいいということに力点を置いたものではないだろう。

だが、それによって子どもたちも保護者たちも、行きたくなければ無理して学校に行く必要はないといった思いに駆られやすくなったのではないだろうか。別の学びの場や学び方を確保している場合はいいが、そうでない場合も学校には行くべきといった規範意識は弱まっているように思われる。

第４に、子どもたちの遊び方の変化により人間関係力が育ちにくくなっているため、ちょっとしたことでトラブルになったり、友だちをつくりにくくなったりして、学校が心地良い居場所になりにくくなっているということがある。

近所の遊び集団が消失したということはかなり前からいわれてきたが、学校でもクラスのみんなでかかわるということが少なくなり、小さなグループに分かれ、とくに気の合う仲間とだけかかわり、あとの子たちとはかかわりが生じないといった感じになっている。そうなると、とくに仲が良いというわけではない子とのかかわり方や、性格や価値観の異なる子とのかかわり方を学ぶ機会がなく、何かでトラブルが生じた際もうまく解決することができなかったりしがちとなる。また、人間関係力の乏しい子を巻き込んであげようという面倒みの良さを発揮できる子も少なくなっている。それで学校に行くのが苦痛になることもある。

第5に、ほめる子育てや叱らない子育てが広まり、そうした風潮の影響で先生も厳しいことを言えず、何でもほめなければならないといった感じになっているため、子どもたちの「レジリエンス」が鍛えられず、ちょっとしたことで傷ついたり心が折れたりしやすくなっているということがある。

レジリエンスというのは、心の復元力のことで、嫌なことや大変なことがあって一時的に落ち込んでもすぐに立ち直る力のことである。注意されたり叱られたりすると傷つき落ち込み、立ち直れない子どもや若者がこのところ増えているということで、できるだけ厳しいことは言わずに、極力ほめることで良い気分にさせてあげるようにという風潮が世間に広まっている。

だが、レジリエンスは、少しずつ挫折を経験すること、なかなか思い通りにならない厳しい状況に追い込まれる経験をすることで鍛えられていく。子どもも時代に強いストレスを経験するとレジリエンスが低くなるといわれることがあるが、その根拠となるデータをみると、強いストレスというのがいじめや虐待という非常に極端なものになっている。ここでいう挫折経験とか、思い通りにならない厳しい状況を乗り越える経験というのは、いじめや虐待というようなものではなく、頑張ってもなかなか思うような結果につながらないような経験を指している。

人間を使った実験はなかなかできないが、リスザルを使った一連の実験では、段階的にストレスにさらされることによってレジリエンスが高まることや、幼児期に軽いストレスにさらされたリスザルの方がストレスのなかったリスザルよりも青年期になってからの好奇心は強く、レジリエンスも高いことが確認されている。

こうしてみると、レジリエンスを高めるには、あえて厳しい環境に身を置くことも必要なのだが、それと逆行する方向に世間の風潮が傾いているため、ちょっとしたことで傷つきやすく、またそこから立ち直りにくくなっていると考えられる。そのため、学校で嫌なことがあると行きにくくなってしまうといったことが起こりがちといえる。

不登校は問題行動ではない。文部科学省の方針転換

　不登校が増え続けていることから、義務教育段階の子どもたちが教育を受けられない状況を何とか改善しなければならないということで、２０１６年に文部科学省により「義務教育の段階における普通教育に相当する教育の機会の確保等に関する法律」が公布された。だが、不登校状態の子をいきなり登校に導き授業を受けさせるというのは現実的ではない。そこで、学校以外の場所でも教育を受けられるような体制を整えようということになってきた。

　この法律に則って不登校の児童生徒の教育機会の確保を推進するために、２０１7年に「義務教育の段階における普通教育に相当する教育の機会の確保等に関する基本指針」が公表された。

　その基本指針では、取り巻く環境によっては、不登校はどの児童生徒にも起こり得るものとしてとらえ、「不登校というだけで問題行動であると受け取られないよう配慮」する必要があるとし、また支援に際しては「登校という結果のみを目標に

するのではなく」、児童生徒が自らの進路を主体的にとらえて、社会的に自立することを目指す必要があるとしている。

具体的には、不登校の児童生徒が教育が受けられるように、教育支援センターや特例校、夜間中学などの設置の促進を訴えている。

不登校の児童生徒が学校に復帰できるように支援する適応指導教室は、今では教育支援センターと呼ばれることが多いが、通えない児童生徒もいるため、通所を希望しない者には訪問支援を実施するなど、不登校児童生徒の支援の中核となるよう、設置の促進や機能強化を推進するとしている。教育支援センターは、その後、２０１９年の時点で全体の約63％に当たる１１４２の自治体に設置されている。

また、登校できない場合もきちんとした教育が受けられるように、不登校児童生徒の実態に配慮した特色ある教育課程を編成し、教育を実施する学校としての「特例校」（不登校特例校）の設置による学びの多様化を促進するとしている。特例校は、その後設置が進み、２０２３年時点で公立14校、私立10校の計24校が設置されている（その多くが中学校）。文部科学省では３００校の設置を目指すとしているが、２

023年の時点で231の教育委員会が設置を検討しているという。

さらには、不登校の児童生徒が学校に通いたくなったけれども元々在籍していた学校に戻れないような場合の選択肢として、夜間中学での教育が受けられるように、夜間中学の設置を促進するとしている。その後、2023年時点で17都道府県に44校が設置されている。

このように、不登校の子どもが学校に行くように支援するということにこだわらずに、学校に行かなくてもきちんとした教育が受けられるように、多様な教育機会を保証しようというのである。

保護者の意識の変化

前項でみたように、不登校児童生徒の支援として、必ずしも学校に登校することを目標にするのではなく、学校に行かなくても教育が受けられるように多様な学びの場を用意しようというのは、非常に手厚い支援といえるが、この2016年の文部科学省の方針転換が不登校を増加させているとの指摘もある。

実際、不登校の小・中学生の人数は、２０１６年は13万３６８３人であったのが、２０２２年には29万９０４８人と、２倍以上に増えている。それには新型コロナウイルスの流行による休校や在宅学習で、学校に行かずに過ごす機会が増えたことの影響もあるに違いない。さらには、ＩＣＴの利用により在宅で勉強できる体制が整ったこととの影響もあるのではないか。

ゆえに、このところの不登校の急増は、文部科学省の方針転換の影響なのかどうかはわからないが、無理して学校に行かなくてもよいのではないかという保護者が増えているのは事実のように思われる。学校に行ってほしいのに行ってくれない子どもを抱え途方に暮れている保護者としては、学校に行かなくても学ぶ方法があるというのは、とても心強いことであり、多少とも気持ちが楽になるといった側面もあるだろう。

精神医学者の滝川一廣も、保護者たちの意識の変化について、つぎのような指摘をしている。

親たちもふくめ、社会全体の雰囲気自体、子どもの登校に昔ほどこだわらなくなってきた。「登校刺激を避ける」という定式は通念化し、また、強いて公教育に復帰しなくてもフリースクールやバイパススクールでよい、大検（著者注：現在は、高等学校卒業程度認定試験）資格を取得すればよいといった選択肢のひろがりが生まれ、積極的に再登校をめざすアプローチはあまり選ばれなくなってきた。とりわけ、〈不登校〉を学校の病理とみなす理解からは再登校をめざすこと自体まちがいという理屈になったし、そこまで考えなくても、〈不登校〉が必ずしもマイノリティではなくなった状況下では「登校」への心理圧力は弱まる。そもそも、是が非でも登校せねばならぬほどの価値や必要不可欠性を、社会自体が学校に付与しなくなったのである。

（滝川一廣「不登校理解の基礎」『臨床心理学』第5巻第1号所収）

こうした社会の空気があり、何が何でもわが子が学校に行けるようにサポートしなければならないと思わない保護者も珍しくなくなってきたということがあり、学校のもつ社会的価値がやや低下しつつあるといわざるを得ない。

ただし、第3章でみていくように、学校は単に教科の勉強をするところではない。それ以外にもたくさん学ぶことがあり、学校生活によって身につくこと、得られるものがあるのを見逃してはならない。その意味では、可能であるなら学校に行けるようになるに越したことはない。

心理学者の田嶌誠一も不登校援助の基本は学校や周囲との関係を「切らない、維持する、育む」ことであるとし「あまりにも早く学校という場から切り離した形での援助がしばしば見受けられ、そのことがかえって問題の解決や学校復帰を困難にしているように思われる」（田嶌誠一「不登校の心理臨床の基本的視点――密室型心理援助からネットワーク活用型心理援助へ」『臨床心理学』第5巻第1号所収）としている。

たしかに、学校に行きにくいのであれば別の形で教育を受けることができる、というのは重要な支援ではあるが、あまりに早急に学校復帰を諦めることにつながる懸念もある。どのような支援制度も使い方しだいなので、専門家に相談しながら慎重に検討する必要があるだろう。

第2章　不登校にもさまざまな事情がある

不登校問題の時代的な流れ

ひとくちに不登校といってもその様相はさまざまだが、時代的な流れもみられる。心理学者の河合隼雄は、1970年代に急増する不登校について論じている。当時は登校拒否と呼んでいたが、河合はつぎのように述べている。

登校拒否症がわが国において発生し始めたのは、昭和三十九年頃であるが、初めは都市部に発生したのが、田舎にも広がり、低学年から高学年へ、遂には大学にまでひろがって、教育相談の半分ほどが、この問題で占められるようになった。学校恐怖症と呼ばれることもあるが、何ら明確な原因がないのに学校に行かなくなるのがその特徴である。しかも、勉強でも素行でも「よい子」がなることが多く、本人も登校の意志がありながらどうしても行けないのであるから、親にとっても本人にとっても辛い症状である。

（河合隼雄『母性社会日本の病理』中央公論社、以下同書）

このように、社会にみられ始めた当初の不登校は、いわゆる「よい子」にみられる病理現象といった側面が強いものであった。そこには、過保護な母親のもとで自立をめぐる葛藤に苛まれる子ども、といった構図が典型的にみられた。

河合は、不登校の心理メカニズムを説明する際に、母性原理と父性原理という概念をもち出している。

母性の原理は「包含する」機能によって示される。それはすべてのものを良きにつけ悪しきにつけ包みこんでしまい、そこではすべてのものが絶対的な平等性をもつ。「わが子であるかぎり」すべて平等に可愛いのであり、それは子供の個性や能力とは関係のないことである。

しかしながら、母親は子供が勝手に母の膝下を離れることを許さない。それは子供の危険を守るためでもあるし、母―子一体という根本原理の破壊を許さぬためといってもよい。（中略）かくて、母性原理はその肯定的な面においては、生み育てるものであり、否定的には、呑みこみ、しがみつきして、死に到らしめる面をもっている。

これに対して、父性原理は「切断する」機能にその特性を示す。それはすべてのものを切断し分割する。(中略)母性がすべての子供を平等に扱うのに対して、子供をその能力や個性に応じて類別する。(中略)父性原理は、このようにして強いものをつくりあげてゆく建設的な面と、また逆に切断の力が強すぎて破壊に到る面と、両面をそなえている。

河合は、母性原理が強く働く一方で、父性原理が希薄というように、そのバランスが崩れることで自立への動きが阻害されるところに不登校が生まれるという見方をしている。自分が肉の渦に巻き込まれて死にそうになる夢をみた不登校の中学生がいたり、土の中にだんだんと吸い込まれていき、恐ろしさのあまり叫び声をあげて目が覚めたという不登校の中学生がいたりする例をあげ、不登校の子は母性の否定的な側面を象徴するような夢をみることがあるという。

このような自立をめぐる葛藤に苦しむのが、当時急増しつつあった不登校にみられる典型的なパターンであった。このタイプの不登校は、典型的には母子密着により子どもの自立が阻害されるもので、過保護な親に反抗するエネルギーの乏しい、いわゆる親にとっての良い子の病理とみなされた。優等生の息切れ型が多いといわれることもあった。

それが、今では必ずしも良い子や優等生が学校に行けないことに悩むといったタイプばかりでなく、ほとんど葛藤がみられないようなタイプも増えており、不登校も多様化している。

前章で引用した滝川は、学校恐怖症や登校拒否には学業意欲の乏しさにより欠席する「怠学」とは異なるという意味合いがあったとし、当時の現象について、つぎのように解説している。

（前略）50年代末から60年代初頭、まったく新たな長欠現象が大都市に現われたのである。特異な共通特徴がみられた。すべて小学校低学年に始まる。大都市の中産階層以上の裕福な家庭の子どもで、親は養育に手厚く教育にも理解があり、物心ともに恵まれた家庭環境にある。子どもの知的水準は平均以上で、勉強も得意で、まじめで、友人にも好かれ、学校での対人関係は良好である。そのような子が、なぜか学校へ行けなくなる。いじめや体罰など、学校を忌避させる出来事もなにひとつない。本人自身、行けない理由がわからない。学校へ行きたい、少なくとも行くべきだと強く意識しているにもかかわらず、いざ登校しようとなると、頭痛腹痛など身体症状が現われたり、校門を前に立ちすくんだり、ときには激しいパニックに陥ってしまう。

（前掲、滝川「不登校理解の基礎」以下同）

そうした現象の本質は学校への恐怖ではなく家庭から離れることへの不安だとして、分離不安説による説明が有力視されていた。ところが、その後不登校は多様性をもち始め、分離不安説だけでは説明できなくなってきた。ただし、怠学とは明らかに異なる現象であるという点は共通であった。

都市の中産階層以上の知的な家庭に育ち、学習能力や意欲には問題なく、非行傾向もない子どもたちのうちに出現する現象で、不安定な家庭環境を背景にしばしば学業不振や非行絡みで生じる怠学とは大きな隔たりがみられたからである。

滝川によれば、1975年を境目に不登校が大きく増加し始め、増加は止《とど》まることがなく、不登校の激増として社会問題化することとなる。前出の河合の解説もその頃の不登校に関するものであった。

その後、不登校はさまざまな階層にみられるようになり、その様相も多様化し、怠学との区別がつきにくいものも増えてきた。滝川によれば、不登校が学校に行けないことによる深い葛藤を伴うというのは、一般性を失い「深い心理葛藤に代わり、漠たる学業意欲の低下、漠たる不全感にうっすら覆われた輪郭のぼやけた〈不登校〉が目立つようになった」ということである。

学校に居場所がない

学校での居場所というと教室ということになる。そこでの居心地に最も強く影響するのが友だち関係だろう。

朝登校し、教室に入ると、気の合う友だちがいて、お互いに声をかけ合い、楽しくおしゃべりをする。休み時間も友だちとおしゃべりしたり遊んだりして楽しく過ごせる。そんな友だちがいれば、学校に行くのも楽しいはずだ。

ところが、朝登校し、教室に入っても、声をかけ合うような友だちがいないため、自分の席に着いてボーッとしているしかない。休み時間も、おしゃべりをしたり一緒に遊んだりする友だちがいないため、教室にいても居場所がない感じで落ち着かず、教室を出て校内をウロウロしたりして過ごすしかない。そんな感じだと切実な孤立感に苛まれてしまい、学校に行くのが楽しくないどころか苦痛になる。

孤立気味の子は、とくに休み時間にきつい思いをしがちである。大学の学生相談室で対応した不登校気味の学生も、授業中はひたすら先生の方を見ていればいいので気持ちが楽だが、休み時間に間《ま》がもたずどうにもならないほど苦しくて、トイレに何度も行って時間を潰すしかないので、しだいに教室に入りにくくなったと、苦しい胸の内を語っていた。友だちと自由におしゃべりをしていい休み時間なのに、話す相手がいない。これほど苦痛なことはないだろう。

小・中学校や高校のように教室内の席が固定していれば、同じ相手と自然によくしゃべるようになるので、友だちもできやすいだろうが、それにもかかわらず仲の良い友だちができない場合は、教室の居心地の悪さは耐えられないものになりがちだ。

そもそも私たち人間は人との間を生きる存在である。相手がいることで、その相手に対応する自分が引き出される。家族の前と友だちの前では、引き出される自分が違うはずだ。教室の中でも、先生に対するときと友だちに対するときでは、言葉づかいが違うように、引き出される自分が違っているはずだ。同じく友だちでも、その相手との親しさによって、引き出される自分が違っているはずだ。それほど親しくない友だちに対しては出せない自分も、とくに親しい友だちに対しては遠慮なく出せたりする。

学校に行っても遠慮なく自分を出せる友だちがいなくて、同級生にも気をつかい、絶えず気を張っていなければならないのでは、気が休まらず疲れてしまう。それでは学校が心地良い居場所にはならない。

教室の居心地が良ければ、学校に行けば楽しいため、学校に行きたいという思いになるだろうが、教室に自分の居場所がないといった感じだと、学校に行きたくないという思いに駆られやすいだろう。

実際、小学生を対象とした調査データをみても、学校を休みがちな子より学校を休まない子の方が、同じクラスの友だちとの関係が良好であることが示されている。考えてみれば当然のことだが、学校を休みがちな子にとっては、学校が心地良い居場所になっていないのである。

思い通りにならない現実と折り合いをつけられない

学校に行きたくない、あるいは行かなければと思っても気持ち的に抵抗がある理由として、なかなか思い通りにならない現実を突きつけられるということがあるのではないか。

学校というのは雑多な人間が集合する場である。そこでは、さまざまな人たちとのかかわりが生じ、それらを何とかこなしていかなければならない。

それぞれに意思があり、欲求があり、自己主張があるため、相手と自分の意思や欲求、自己主張と折り合いをつけながらかかわっていく必要がある。家では親がこちらの気持ちを尊重したり、こちらの欲求を優先的に満たしてくれたり、こちらの自己主張を聞き入れてくれたりするかもしれないが、学校の友だちとの関係はお互いに対等なので、こちらを優先してくれたりはしない。

さらにいえば、そのようにしてかかわらなければならない相手には、性格的に合わない子や価値観のまったく異なる子もいる。わがままをいう子もいれば、ずうずうしい子もいる。規則を平気で破る子もいれば、当番などの役割をすぐにサボる子もいる。人の気持ちをまったく考えない無神経な子や、乱暴な子もいる。繊細すぎて、すぐに傷つくため、対応に気をつかわなければならない子もいる。一方的にまくしたてるおしゃべりな子もいれば、無口で何を考えているのかわからない子もいる。そのようなつき合いにくい子ともかかわらなければならないのは、とても疲れるし、とくに人とかかわるのが苦手な子にとっては苦痛に違いない。

学校というのは、一種の社会である。社会に出れば、性格の違いや価値観の違いで気の合わない相手ともかかわらなければならない。そんな相手とのやり取りは、なかなか思い通りにならず、イライラするし、疲れる。でも、それが現実というものである。

ところが、周囲が何でも自分に合わせてくれ、家庭がとても居心地の良い場であった場合、欲求不満耐性が鍛えられていないため、思い通りにならない現実に直面させられると、気分に変調をきたしたり、やる気がなくなったり、自暴自棄になったり、人に対して攻撃的になったりすることがある。そんな自分が嫌でイライラしたり、落ち込んだりすることもあるかもしれない。

思い通りにならない厳しい現実と折り合いをつけることがなかなかできない場合、そんな現実から逃げ出したくなる。学校に行きたくない気持ちの背後に、そうした逃避的な思いが働いていることもある。

対人不安が強い

学校が自分にとっての心地良い居場所にならない子の場合、対人不安気味の心理を抱えていることも少なくない。

対人不安とは、人と一緒にいるときに感じる不安、あるいはこれから人と会うと思ったときに感じる不安のことである。

たとえば、話すことに関する不安がある。よく知らない人や、それほど親しくない人と会う際には、「うまくしゃべれるかな」「何を話せばよいのだろう」「場違いなことを言ってしまわないかな」などといった不安が頭をもたげてくるため、会う前から緊張する。友だちでも、遠慮なく何でも話せる関係でない場合は、こうした不安を感じがちである。

相手から好意的にみてもらえるだろうかという不安もある。だれだって相手から否定的にみられたくないし、好意的にみてもらいたい。でも、絶対的な自信がある人などいない。そこで、「好意をもってもらえるかな」「嫌われないかな」「うっとうしがられたら嫌だな」などといった不安に駆られ、相手の言葉や態度に非常に敏感になる。

相手からわかってもらえるだろうかという不安もある。何か言おうとするたびに、「共感してもらえるかな」「変なヤツと思われないかな」「引かれたら傷つくなぁ」などといった不安を感じるため、気になることもなかなか率直に言いにくかったりする。

このような対人関係の場で生じる不安のことを「対人不安」という。

対人不安が強いと、対人場面を恐れ、回避しようとする。不安なために、人のちょっとした言動にもネガティブな意味を読み取り、傷つきやすい。対人関係を回避しようとするため、率直なかかわりができず、助けになる絆ができにくいということもある。

対人不安の話を授業中にすると、多くの学生が共感し、「まるで自分のことのようだ」「自分のことを言われているとしか思えない」「まさに自分の心理がそれだ」

といった反応がほとんどとなる。そうした学生たちは、具体的には、つぎのような対人不安を抱えているという。

「だれかから話しかけられたらどうしようという気持ちが強くて、学校ではいつも緊張している」

「進学したり、クラス替えがあったりするたびに、うまくやっていけるか不安が強かったけど、未《いま》だに慣れないし、就職して新たな人間関係の中でちゃんとやっていけるか不安」

「断られるのが怖くて、友だちを自分から誘えない」

「高校でも大学生になっても、グループができると、その中でしかつき合わない傾向があり、みんな対人不安が強いように思う」

「相手からどう思われるかがとても気になり、自分をさらけ出すことができない」

「相手から好意をもってもらえるか不安で、嫌われないかといつも脅えている」

「相手に良く思われたい気持ちが強くて、無理して合わせたり、つまらないと思われないように必死になってしゃべったりしている」
「相手のノリが悪いと、やっぱり自分の話はつまらないんだと思い、落ち込んでしまい、ますます気まずい感じになる」
「こんなこと言ったら嫌われ、仲間外れにされるのではと思って、何を話したらいいか悩むことがある」
「自分に自信がないから、思うように言いたいことを言えなくて、ストレスが溜まる」
「不安のあまり汗をかいたり、イライラしたりして、自分の嫌な面が出てしまう」

自分はだれとでもうまくやっていけるタイプだと思っていたけど、対人不安の話を聞くと、たしかに自分にもそういう面があるし、これまで意識したことがなかったけど、けっこう無理して気疲れしていることに気づいたという子もいる。

このように多くの人が対人不安を抱えているものだが、それが強すぎて集団生活に適応するのに苦労する子もいる。

それでも欲求不満耐性が鍛えられていれば、気をつかい疲れるけれども何とか頑張って集団生活を続けることもできるだろうが、欲求不満耐性が低いと、思うようにいかない状況に我慢できず、そこから逃げ出すということも起こってくる。

友だちができずに悩んでいた子が、友だちができて喜んだのも束の間、対人不安が強まってしまい、今度は友だちから逃げ回るようになったといって相談に来たこともある。一緒にいてもつまらないヤツだと思われたり、変なヤツだと思われたりしないかと不安でたまらなくて、会う勇気がなくなるというのだ。

自己肯定感の低下によって対人不安が強まることもある。学校を休み気味だったり、授業についていけなかったりすることで自己肯定感が低下し、それによって対人不安が強まり、人を避けようとしたり、人に対して過度に自己防衛的な気持ちが高まったりする。

家を出て歩いていたら向こうから人が来て、すれ違うのが怖かったから、家に戻ってこれを身につけたら安心して来ることができた。それ以来、外出時はこれを身につけることにしているといって、ズボンのすそをめくりサバイバルナイフが足首のバンドに取り付けてあるのを見せる不登校気味の子もいた。実際に使うわけではないが、おまじないみたいなもので、それを身につけると安心して外出できるのだという。それほどまでに対人不安が強まっているということであり、それほどまでに自信がなく、傷ついているということでもある。

先生とうまくかかわれない

人間関係力の乏しさや対人不安は、友だち関係だけでなく先生との関係にも影響する。

先生と気軽にしゃべれる子は、授業中にわからないことがあったり、宿題についてよくわからないことがあったりすると、授業中に質問したり、職員室に先生を追いかけて質問できる。

それに対して、先生の前では緊張してなかなかしゃべれない子は、授業中にわからないことがあっても手をあげて質問するのを躊躇《ちゅうちょ》したり、職員室に先生を訪ねて質問するのが気が重かったりして、わからないままにしがちである。その結果、授業についていけなくなることもある。

また、先生に気軽に声をかけて話せる子は、先生も話しやすいため、先生から可愛がられることが多い。

それに対して、先生とは気軽に話せない子は、調子の良い子ばかりが先生から可愛がられていると僻《ひが》んだり、やる気を失ったりしがちである。

そうしたことが重なって、先生と気軽に話せない子は、授業の場や学校で疎外感をもち、拒否的な気持ちになったりする。その結果、学校に行きたくないという思いが募ることもある。

学校で居場所のなさを感じる場合、保健室が一時的な避難所のような機能を果たすこともある。学校に通っていた頃、不登校でなくても、学科と関係ない保健室の先生となら何でも平気で話せるという経験をした人もいるだろう。不登校ではなかったけど、保健室の先生にはお世話になったという子も少なくない。ましてや不登校気味の子にとって、保健室の先生の存在は大きい。

じつは私も、学科の先生のお世話にもなったし、部活にも熱心にかかわっていたし、行動を共にする友だちもいたが、なぜか学校という場では疎外感に苛まれることがあり、保健室で養護教諭の先生とよくいろいろ話したものだった。図書室を居場所にして、司書の先生とよくしゃべっている同級生もいた。

そう考えてみると、思春期・青年期は自我の目覚めによって自分が生きている世界に疑問を抱いたり、独りぼっちで切り離されているような疎外感をもったりしがちなため、人生の大先輩である大人との語り合いの場を求めるようなところがある。その場合、学科の先生は科目の成績のしがらみもあるし、保健室の先生の役割はとても大きいといわざるを得ない。

教室には行けないが保健室になら行けるということで、保健室登校をする子もいる。保健室の先生は、教科の成績評価をする先生ではないから気楽にかかわれるという面もあるが、教科に関係のない話がしやすいということもあって、人生上の悩みや疑問など気になることを何でも相談しやすい。気軽に何でも話せるという意味で、教室が居場所にならない子にとって保健室は安心できる居場所になりやすい。

図書室は、教室に気軽に話せる友だちがいない子にとっては、人に気をつかって疲れることがなく、ひとりで静かに過ごせる居場所にしやすい。

環境の変化にとても弱い

日々の生活に大きな変化が生じることは、だれにとってもストレスになる。子どもたちにとっての大きな変化というと、転居、それに伴う転校、そして入学や進学がある。

引っ越しにより近所の友だちと引き裂かれるだけでなく、幼稚園や学校の友だちと引き裂かれる。そして、新たな幼稚園や学校に行くと、知っている子はだれもいない。そんな状況に適応していかなければならない。友だちができるだろうかという不安もとても大きいはずだ。

小学校に入学したときや、中学や高校に進学したときは、それまで幼稚園や学校で一緒だった子がいないわけではなくても、別の幼稚園や学校から来た子もおり、新たな人間関係の世界に入っていくことになる。そこで新たに友だち関係を築くのも、とても大きなストレスになるはずだ。

だれにとってもこのような生活環境の変化はストレスになるものだが、対人不安が強い場合は、転校や入学・進学による環境の変化への適応、とくに新たな人間関係への適応に伴うストレスは、非常に大きいものになるだろう。

教室に気軽に話せる友だちがいないうえに、授業内容がよくわからないときなどは、教室で感じる疎外感がしだいに強烈なものとなり、学校に行くことに対して拒絶反応を示すようになることもある。

後でまた詳しくみていくが、「中1ギャップ」と呼ばれる現象も、違う小学校から進学してきた同級生たちと交じること、認知発達的に形式的操作期になり、抽象的思考が可能になることから勉強内容が高度になること、教科によって違う先生から学ぶことなど、小学校の頃と比べて大きな変化を経験することによるものといえる。

変化が大きなストレスになるのはだれでも同じである。ストレスがあっても、親しい友だちとのおしゃべりでストレスを発散したり、好きな趣味などの活動でストレスを発散したりできれば、「知らない子が多いなぁ」「何だか疲れるなぁ」などと思っても、何とか頑張って適応のための努力を続けることができる。でも、率直に話せる友だちがいなかったり、楽しめる趣味や活動がなかったりして、ストレスの発散ができないと、「知らない子が多いなぁ」「何だか疲れるなぁ」といった思いがふくれあがり、学校に行くことに対する抵抗感が強まったりする。

気持ちや行動のコントロール力が発達する生育環境でない

虐待が深刻な社会問題になっていることから、子どもの心を傷つけてはいけない、だから子どもに厳しいことを言ってはいけないといった風潮が世の中に広まっている。

だが、子どもに社会性を身につけさせてやりたい、社会の厳しい荒波を乗り越えていけるように強い心をもたせてやりたい、頑張ってもなかなか思い通りにならないなど挫折を経験してもくじけないように心を鍛えてやりたい、などといった親心から子どもに厳しいことを言うのと、親の身勝手で子どもを虐待するのとは、まったく異なる。

それにもかかわらず、そこのところを混同し、子どもの心を傷つけてはいけないということばかりが強調されるようになってきた。そんな風潮のせいで、親も幼稚園や学校の先生も子どもたちに厳しいことが言えなくなっている。

幼稚園や学校の先生たちの多くは、そんなことでは子どもたちが将来困ると懸念しているのだが、うっかり厳しいことを言うと、そうした世間の風潮に染まった保護者から、「子どもを傷つけないように、ほめて育てることが大事だといわれる時代に、なんてことしてくれたんですか！　先生から叱られて傷ついた、学校に行きたくない、って言ってます」などといったクレームが入ったりする。実際に、授業中にいくら注意しても騒ぐのをやめない生徒を怒鳴ったら、その子はいつも家で叱られているいたずらっ子だからケロッとしていたのだが、その教室にいたおとなしい生徒がショックを受けて学校に行きたくないと言いだし、保護者が怒鳴り込んできて困ったという先生もいる。

そうした風潮のせいで、家でゲームばかりしていても叱られない、宿題をしなくても注意されない、学校でも宿題をやってこなくても叱られない、掃除当番とかをサボっても叱られない、遅刻しても叱られない、といった状況に置かれている子も少なくない。これでは自分の気持ちや行動をコントロールできるようになっていかない。

たとえば、２０１６年に山形県の放課後児童クラブ・子ども教室等の関係者を対象に私が実施した調査では、子どもたちにみられる傾向として、「忍耐力のない子が増えていると思う」の比率が最も高く、86％がそう思うと答えていた。

主な項目に対する回答は、以下の通りであった。

「忍耐力のない子が増えていると思う」　86％
「協調性のない子が増えていると思う」　80％
「友だちとうまく遊べない子が増えていると思う」　76％
「わがままな子が増えていると思う」　75％
「きちんとしつけられていない子が増えていると思う」　75％
「傷つきやすい子が増えていると思う」　75％

「頑張れない子が増えていると思う」　61％

こうしたデータをみると、日々子どもたちの相手をしている人たちのほとんどが、忍耐力や協調性が乏しい子どもたちが増えていると感じていることがわかる。

このことは、非認知能力を身につけないまま大人になっていく子どもたちがいかに多いかを物語っているが、それは本人のせいではなく生育環境のせいなので、子どもたちが自分の気持ちや行動のコントロール力を身につけていけるような生育環境にもっていくことが必要であろう。

ここで非認知能力について、簡単に解説しておくことにしたい。

非認知能力の大切さ

このところ教育現場でも非認知能力の重要性が認識され、学力を高めるには、ただ勉強をするだけでなく非認知能力を高める必要があるとみなされつつある。だが、学力向上のためだけでなく、社会適応のためにも非認知能力を高めることは大切となる。

非認知能力というのは、自分を動機づける能力、長期的な視野で行動する能力、自分を信じる能力、他者を信頼する能力、自分の感情をコントロールする能力などである。

これらは、心理学者ゴールマンの翻訳書によって広まったＥＱ（心理学の世界ではＥＩ＝情動的知性というが、ＩＱとの対比で一般にはＥＱと呼ばれている。心の知能指数などともいわれる）に相当するものといえる。ゴールマンは、人生で成功するかどうかは、心の知能指数、つまりＥＱによって決まるという。そして、ＥＱは、生後のしつけや教育によって高めていけるのだという。実際、その後の心理学の研究によって、非認知能力はトレーニングによって高められることが実証されている。

子どものしつけや教育の中で、忍耐力や粘り強さ、共感性などを身につけさせることが大事だとされてきたが、それらはこのＥＱに相当するものといえる。

そして、心理学の多くの研究によって、ＥＱが高い方が、ストレス対処能力が高く、学業成績が高く、職業的成功度が高く、社会適応が良く、人生の幸福感が高いことなどが証明されている。

非認知能力の核となる要素のひとつが自己コントロール力だが、最新の心理学研究でも、自己コントロール力が人生の成功を大きく左右することが強調されている。

たとえば、心理学者モフィットは、1000人の子どもを対象に、生まれたときから32年間にわたって追跡調査を行うことで、子ども時代の自己コントロール力から将来の健康や富や犯罪を予測できることを発見した。つまり、我慢する力、衝動をコントロールする力、必要に応じて感情表現を抑制する力など、自己コントロール力が高いほど、大人になってから健康度が高く、収入が高く、犯罪を犯すことが少ないことがわかったのである。

自己コントロール力といってもなかなか実感が湧きにくいという人もいるだろうから、わかりやすいようにマシュマロ・テストを紹介することにしたい。

自己コントロール力に関する研究の原点とみなすことができるのが、心理学者ミッシェルたちの満足遅延課題を用いた研究である。その実験はマシュマロ・テストとも呼ばれるが、子どもにマシュマロを見せて、今すぐ食べるなら1個あげるが、研究者がいったん席を外して戻るまで待てたら2個あげると告げ、待てるか、待たずに食べるかを試すものである。これは、より大きな目標のために欲求充足を先延ばしできるかどうかをみるための実験といえる。

ミッシェルたちは、保育園児550人以上にこのようなマシュマロ・テストを実施し、その子たちが青年期や中年期になったときにも追跡調査を行っている。

その結果、幼児期により大きな満足のために欲求充足を延期することができた者は、10年後の青年期には、欲求不満に陥るような状況でも強い自制心を示し、誘惑に負けることが少なく、集中すべき場面では気が散らずに集中でき、ストレスにさらされても取り乱さずに建設的な行動をとりやすいことがわかった。

さらに、20代後半になったときも、長期的目標を達成するのが得意で、危険な薬物は使わず、高学歴を手に入れ、肥満指数が低く、対人関係もうまくやっていくことができるというように、自己コントロールがきちんとできていることが確認された。

その後の追跡調査をみると、40年後の中年期になっても、相変わらず高い自己コントロール力を維持していたのだった。

このように、幼児期に欲求充足を先延ばしできるかどうかが、10年後や20年後、さらには40年後の自己コントロール力の発達につながり、それによって学業・仕事や人間関係を含めて社会でうまくやっていけるかどうかを予測できることが示されたのである。

その後も、多くの研究によって、子ども時代の自己コントロール力によって、その後の学業成績や人間関係の良好さ、問題行動や抑うつなどの病的傾向、失業などを予測できることが確認されている。

自己コントロール力の一種とみなすことのできる感情コントロール力に関しても、それが高い方が、葛藤場面で自分自身や他者の感情を考慮した解決策を思いつくことができると示されている。

このように社会適応のために重要な役割を担う非認知能力だが、それを鍛えてもらえない子どもたちが増えている。放任家庭や過保護・甘やかし家庭だけでなく、「お受験」に象徴されるように幼児期から勉強を強《し》い、十分な遊び体験をさせない偏った教育家庭も、非認知能力の発達を阻害しかねない。

かつては学校で鍛えてもらうことを期待できたが、今ではそれは期待できない。そういう生育環境ゆえに、思い通りにならない逆境を乗り越える力がつかない子どもたちが増えている。自分にとって心地良い居場所をつくる際にも、このような生育環境は非常に不利であるといわざるを得ない。

不登校の様相が多様化している

不登校が注目され始めた頃は、神経症的なものが中心であったことについては、本章の冒頭で心理臨床家のコメントを紹介しながら確認してきた。だが、その後、様相の異なる不登校が増えてきたということもあるので、ここで主な不登校のタイプをみていくことにしたい。

不登校のタイプ分類でよく引用されるのが、教育相談の発展に貢献した小泉英二による分類である。そこでは不登校は、「神経症的なもの」「精神障害によるもの」「怠学傾向によるもの」「積極的・意図的なもの」「一過性のもの」というように、

5つのタイプに分類されている。

かつて多くみられたのが、ここでいうひとつ目の「神経症的なもの」である。怠学などと異なり、どちらかというとまじめな者が、学校に行かなければと思いながらも朝になると身体がいうことを聞かず、不本意ながらずるずると不登校を続ける、というのがその典型である。神経症的な不登校に陥りがちな者の性格的特徴として、内気、繊細で傷つきやすい、融通が利かない、完全癖があり失敗への不安が強い、自立の力や社会性が乏しい、などがあげられる。

小泉は、神経症的な不登校をさらに、「優等生の息切れ型」と「甘やかされ型」の2つに分けている。

「優等生の息切れ型」とは、親の期待に応える形の自己形成をしてきて主体性が育っていないため、親からの心理的自立がうまくいかず、自立をめぐる心理的な葛藤をはらむものである。

「甘やかされ型」とは、家庭で甘やかされて育ったため、社会性が鍛えられておらず、自分の衝動をうまくコントロールできず、社会的にも情緒的にも未成熟で、困難に直面したり、失敗しそうになったりすると、安全な家庭内に逃避しようとするものである。

2つ目の「精神障害によるもの」とは、統合失調症、うつ病、神経症などの発病により不登校に至るものである。この場合は、精神障害のために欠席せざるを得なくなるものであるため、やむを得ぬ不登校であり、改めて不登校として問題にする必要はないだろう。

3つ目の「怠学傾向によるもの」とは、いわゆるサボりのことである。学校に行かないことに伴う後ろめたさは多少あるかもしれないが、「神経症的なもの」と違って、学校に行かなければならないのに行けないというような葛藤はない。小泉は、これをさらに、「無気力傾向」と「非行傾向」の2つに分けている。

「無気力傾向」による不登校とは、学習意欲が乏しく無気力な者がときどき休み、教師や親に促されて登校するものの長続きしないといったタイプの不登校である。

「非行傾向」による不登校とは、学校生活に適応できないが、家庭を居場所にすることもなく、非行集団を居場所にすることで学校に来なくなるといったタイプの不登校である。

4つ目の「積極的・意図的なもの」とは、学校に行くことに意味を感じられず、自分の主体的な意思にしたがって学校から離脱するという形で不登校に至るものである。「神経症的なもの」と違って、学校に行かなければならないのに行けないというような葛藤がないどころか、学校に行かないことにむしろ積極的な意義を感じている。

最後の「一過性のもの」とは、転校や病気など、学校を欠席しなければならない客観的な理由が明らかにあり、それが解消すると登校するようになるものであり、「精神障害によるもの」と同様、やむを得ぬ不登校であり、改めて不登校として問題にする必要はないだろう。

かつては不登校というと、この分類でいう神経症的な不登校がイメージされることが多かったが、しだいに怠学傾向による不登校も目立つようになってきた。それには、学校には何が何でも行くべきというような規範意識がやや薄らいでいることや、ゲームやインターネットなど刺激的な遊びが増えていることも関係していると考えられる。

社会が成熟してきたことにより、学校が児童生徒の個性に対応できていないなどといった批判を耳にする機会が多くなったため、比率は低いものの、積極的・主体的な不登校をしている者もあり、その場合は学校に行かないことに伴う後ろめたさなどはなく、学校以外の場で自分の進みたい方向に向かって勉強や何らかの活動をしていたりする。

そうした社会の流れを踏まえて、臨床心理士の石川瞭子は、従来の典型的な不登校を「在宅自閉型の不登校」とし、それとは異なるタイプである現代型の不登校として、「在宅解放型の不登校」「非在宅校内型の不登校」「非在宅校外型の不登校」に類型化している。これら現代型の不登校は、「明るい不登校」とも呼ばれているという。

石川は、これら4つのほかに、「医療型の不登校」と「非行犯罪型の不登校」を加えた6類型を提示しているが、精神障害による不登校と非行による不登校は、とくに従来の典型でもなく新たに出現した現代型というわけでもない。そこで、石川の記述に基づいて、前述の4つの類型の特徴を簡潔に示すことにしたい（石川瞭子『不登校から脱出する方法』青弓社より作成）。

①在宅自閉型の不登校

神経症タイプを主とするもので、自宅にこもったまま社会参加をしない不登校。テレビゲーム中心の生活を送っていることが多く、なかには家庭内暴力の問題を抱えるケースもある。受験の失敗から自室にひきこもるタイプ、いじめなどがきっかけになって家にひきこもるタイプなどがある。

②在宅解放型の不登校

明るい不登校、などと一般に呼ばれているもので、在宅して明るく不登校をしている。登校しないこと以外にはとくに問題がない。友だちが来れば遊ぶし、援助機関に相談に行くこともできる。母子の関係が密着し、生活自立の遅れがみられがちである。

③非在宅校内型の不登校

保健室などで明るく不登校をしており、教室の集団授業から離脱して、校内をさまようものである。それでも出席とみなされているため、子も親も教師も問題視していないことが多い。保健室登校を出席として扱う方針を文部科学省が示したことで、このタイプの不登校が増えている。その後、適用範囲が拡大され、保健室以外にも、相談室・図書室・職員室・校長室・教材準備室・用務員室などにいても出席扱いにできるようになってきている。

④非在宅校外型の不登校

校門前や学校近くのコンビニ前、最寄り駅の周辺などに集団でたむろしているといった形の不登校である。近年多いタイプで、従来の非行型に含まれるものでもあり、学校付近にたむろしているうちはよいが、カラオケ店などに出入りすることが常習化すると、「非行犯罪型」の不登校に移行しやすい。

この分類で「非在宅校内型の不登校」は、教室で授業を受けていなくても、別室登校という形で学校に顔を出していることになるため、教育統計上は不登校に数えられない。保健室などで個別にきちんと学習をしており、わからないところや進度等について指導を受けていればよいが、保健室などにちょっとでも顔を出せば出席とみなされるのでは、きちんと教育を受けているとはいえない者が多いのではないかと思われる。そうなると、急増が指摘されている不登校だが、そのすそ野はさらに広がっているといわざるを得ない。

心理学者の山田裕子と宮下一博は、学校現場で目にする主な不登校のタイプとして、「優等生の息切れタイプ（従来タイプ）」「特別支援が必要なタイプ（低学力や学習障害等）」「従来とは異なるうつタイプ」のほかに、「浮遊タイプ（鍋田恭孝による命名）」「一見元気なタイプ」「受け身なタイプ」をあげている。

この後者の3つのタイプが、とくに現代型不登校に該当するものといえる。

「浮遊タイプ」とは、親子の必要なコミュニケーションがほとんど成立していないことにより、情緒的な関係の形成が困難であり、人間関係が希薄で、何となく浮遊しているものである。

「一見元気なタイプ」とは、気に入らないことへの耐性が弱く、周囲が自分の思い通りにならないことに非常に強いストレスを感じ、仲間関係がうまくいかなかったり、集団生活への適応が難しかったりするものである。

「受け身なタイプ」とは、自分から話しかけたり、関係性をつくったりする力が弱く、周囲に働きかけることができず、対人関係の緊張や疲れから不登校になるものである。

これらは、対人コミュニケーションが苦手であったり、ストレス耐性が低かったりすることが関係する不登校ということができるだろう。先に触れた石川の「在宅解放型の不登校」、「非在宅校内型の不登校」や「非在宅校外型の不登校」にも、これらの要素が含まれていると思われる。石川は、このような現代型不登校の多くが出席扱いになっていることの問題点についても、つぎのように指摘している。

（前略）保健室や相談室への登校が出席と換算されることで救われたたくさんの不登校の子を私は知っています。（中略）

しかし現実には、保健室や相談室の登校を出席と認める制度には大きな落とし穴がありました。多数の便乗組を発生させてしまったのです。多数の便乗組は、心理的・保健上の配慮を本当に必要とする不登校の子を、相談室や保健室から追い出してしまったのです。（中略）

そして、さらに新たな問題を発生させました。（中略）しだいに子どもたちは退屈して相談室などを抜け出して、好き勝手な行動をとりはじめたのです。

校内型不登校の出現です。

学校にいながら学校教育からはずれ、社会的な学習の機会もなく放置された子どもたちは、体育館や校庭の隅にたむろして好き勝手な行動をしはじめました。（中略）

親は子の学校での生活を知りません。子どもたちは登校しているので親は安心しています。担任は相談室や保健室に行っているものと思って安心しています。子どもたちは不登校ではなく出席として扱われています。じつはその子どもたちは隠れた不登校であり（中略）その子たちの共通した生活態度は「明るく好き勝手している」状態です。彼らは明るく校内で不登校をしているのです。

（前掲、石川『不登校から脱出する方法』）

そして、現代の不登校が旧来の不登校と大きく異なる点は、このような「明るく不登校している」者が大量に出現していることだという。

その後も、旧来型の自宅にひきこもる神経症的な不登校に悩む者もいる一方で、深刻に悩むことのない不登校が増えているようである。さらにいえば、別室登校などにより不登校には数えられていないが授業には出ていない者もかなりの数にのぼると思われる。

不登校の要因の変化による対応の困難

このように不登校につながっていく要因が変化してきたことによって、個々の不登校への対応が極めて困難になってきている。

学校に行かなければと思っているのに、朝になるとお腹が痛くなったりして学校に行けなくなってしまうというような神経症的な不登校であれば、学校に行けないことに伴う葛藤があり、わが子が学校に行かなくて親が困っているだけでなく、本人自身も悩んでいるため、先生からの紹介などによって専門機関に相談に行きやすい。不登校が長期化してひきこもり状態になると、相談に行くのが難しいケースも出てくるが、初期であれば相談につなげていけることも多い。

本人に神経症的な問題があるといった自覚がない場合も、小児科や内科などに身体の問題として受診したのがきっかけで不登校の相談につながっていくこともある。だが、このところ増えている非行傾向による不登校や、無気力傾向による不登校の場合、本人に学校に行かないことに対する罪悪感や後ろめたさが希薄で、学校に行きたいのに行けないといった葛藤が乏しいため、なかなか専門機関への相談につなげにくいということがある。

そもそもカウンセリングの類《たぐい》は、本人が悩んでおり助けを求めているからこそ成り立つのであって、本人が学校に行かないことを深刻に受け止めず、とくに助けを求めていない場合には、何とも無力である。もちろん、非行や無気力により学校を欠席しがちな者に悩みがないというのではないし、心の奥底で助けを求めているということはあるかと思われるが、学校に行けないことを悩んでいる場合と違って、相談につなげるのが難しい。

不登校の臨床に取り組んできた前章で引いた田嶌も、そうした困難について、つぎのように指摘している。

従来から、相談に来ない不登校の子どもたちは少なくなかったが、近年葛藤の少ない不登校や無気力型の不登校、非行・怠学と区別しがたい不登校、教育ネグレクト等福祉領域との連携が必要な不登校などいずれも相談意欲のほとんどない、本人面接はほとんど困難なさまざまなタイプの不登校の子どもたちが目立ってきた。

（前掲、田嶌「不登校の心理臨床の基本的視点」）

同じく前章で引いた、不登校の臨床に取り組んできた滝川も、心理的葛藤の少ない不登校が目立つようになってきたことについて、つぎのような指摘をしている。

（前略）〈不登校〉は特異性を失った現象となった。状態像の拡散がさらに進み、くっきりした輪郭は失われ、あらゆる理由、あらゆるきっかけ、あらゆるパーソナリティ特徴、あらゆる学校状況において生じる現象として多発するようになったのである。ありふれた現象となってゆくとともに、「よくよくの事情」がなくとも些細な葛藤や躓《つまず》きからたやすく〈不登校〉が起きる一方、〈不登校〉自体が激しい葛藤をもたらす事態は一般性をなくした。深い心理葛藤に代わり、漠たる学習意欲の低下、漠たる不全感にうっすら覆われた輪郭のぼやけた〈不登校〉が目立つようになったのである。

（前掲、滝川「不登校理解の基礎」）

このように不登校の要因が変化し、学校に行かないことにまつわる心理的葛藤が乏しい不登校が増えてきたことによって、専門機関への相談につなげるのが難しくなっており、そのことが不登校への対応を困難にしている。

社会適応力が育ちにくいという時代要因

不登校に限らず、社会生活への適応に困難を感じる子どもたちが増えているのは、「小１プロブレム」や「中１ギャップ」と呼ばれる現象が広まっていることからも明らかだ。

幼稚園から小学校への移行や小学校から中学校への移行が生活の大きな変化をもたらすのは、今も昔も同じはずである。ところが、このところそうした移行が大きなストレスとなり、そこで躓いてしまう子どもたちが増えているとしたら、それは子どもたちの社会適応力が十分に育ちにくくなっていることのあらわれともいえるのではないか。

幼稚園や保育園から小学校への移行で躓く児童が非常に多くなっている。そこで、小１プロブレムなどという言葉まで生まれたのである。

たとえば、授業中に席を立って歩いたり、教室の外に出たり、授業中に騒いだり、暴れたり、注意をする先生に暴力を振るったり、暴言を吐いたりする。ただ元気に遊んでいればよかった幼稚園や保育園の生活から、勉強をする場である学校の生活への移行がうまくいかないのである。

東京学芸大学の調査によれば、小1プロブレムとされる問題行動の発生理由として、「家庭におけるしつけが十分でない」ことが筆頭にあげられており、「児童に自分をコントロールする力が身に付いていない」ことと、「児童の自己中心的傾向が強い」ことを合わせた3つが主要な発生理由とされている。それは、言い換えれば子どもたちの衝動コントロール力が十分に育っていないということであろう。

自分の欲求や衝動をコントロールする力が、それ以前の幼児期に鍛えられていれば、そうした移行もよりスムーズにいくはずだが、どうもうまく鍛えられにくい時代になっているようである。それは、小学校に限らず集団生活への適応困難につながりやすい。

たとえば、3歳から4歳の幼児にとっては、幼稚園の生活への適応が大きな課題となる。それまでは家庭が主な活動場所で、親子関係を中心とした生活をしており、出かけるにしても親と一緒だったのに、幼稚園に行くようになると、主な活動場所は家庭の外になり、かかわる相手も先生や同級生の園児たちになる。これは子どもの日常に大きな変化をもたらす。なぜかといえば、他人は親のようにこちらに合わせてくれはしないからだ。

ゆえに、家庭中心の生活から幼稚園生活への移行は、子どもに大きな試練を与えるといってよい。最近では、１歳くらいから保育園で過ごす子も少なくないので、こうした移行による試練にさらされる時期が早まっているともいえる。幼稚園や保育園では集団行動が求められるため、周りの子どもたちとうまくやっていく必要がある。家庭で親子関係中心の生活をしているときと違って、自分の欲求や衝動を抑えるなどうまくコントロールすべき場面が飛躍的に増加する。

その理由として最も大きいのは、親は自分を抑えて子どもに合わせることが多いのに対して、子ども同士だとお互いの欲求や衝動がまともにぶつかり合うことが多いことである。たとえば、子どもがあるおもちゃで遊びたいと思ったとき、親が自分もそれで遊びたいと言って奪い合いになることはないが、子ども同士ならそうした構図がしばしば生じがちである。

幼稚園での集団生活に適応していく過程で、子どもたちは、我慢したり、譲り合ったり、相手の気持ちを思いやったり、規則を守ったりすることを学び、徐々に社会性を身につけていく。

家庭で子どもの社会化を促すような教育的働きかけが適切に行われていれば、集団生活への移行が順調に進むのかもしれないが、最近は親も忙しかったりストレスを抱えていたり、あるいは家庭教育の適切な指針がなかったりすることもあって、家庭における子どもの社会化が十分に行われていないことが多いように思われる。

小学校の生活から中学校の生活への移行で躓く者も多いことから、中1ギャップという言葉も生まれている。中1ギャップとは、別の小学校出身の同級生たちと交じったり、学習内容が高度になったりというように、小学校時代とのギャップが大きいため、中学校という新たな環境に馴染むことが難しいことを指し、そうした心理状態が不登校やいじめの増加につながっているとみられている。

心理学者の宮前淳子たちは、小・中学校の教員を対象として、中1ギャップの認識について調査研究を行っている。その結果、小学校の教員・中学校の教員ともに、中１ギャップの要因が友人関係における困難にあるという共通認識があることが明らかになった。

友人関係における問題としては、小学校教員の67・6％、中学校教員の64・3％が「小規模の小学校出身者は肩身の狭い思いをしている」に分類される記述をしていた。そのため、小規模校出身の生徒が萎縮してしまわないように関係づくりの支援をすることが求められるという。

また、教師との関係に関しても、小学校と違って中学校では教科担任制であるため、学級担任との心理的距離があり、気軽に相談できないことやきめ細かい気配りをしてもらえないことなどがあげられていた。

学業面に関しては、小・中学校教員の95・8％が成績にかかわる問題を記述しており、成績の順位がつくことが中１ギャップの要因だというのが小・中学校教員の共通認識であることも示された。

こうしたことに関連して、小学校教員は教科担任制の弊害をあげているのに対して、中学校教員は基礎学力の欠如や学校は勉強するところであるという意識が希薄であるなど、学習習慣や学力格差の問題をあげていた。

こうした調査研究なども踏まえて、心理学者の皆川直凡は、中1ギャップを生む要因として、つぎのような環境の変化をあげている（皆川直凡「ヴィゴツキーの『教育心理学講義』に学ぶ〈2〉——現代の子どもの発達心理学上の問題についての一考察」『鳴門教育大学研究紀要』36所収より作成）。

①役割期待が変化する
より一層の主体性や勤勉性が期待され、また身なりや持ち物など守らなければいけない規則が多い。

②生活環境が変化する
登下校に時間がかかったり、部活などの課外活動に追われたりして、疲れやすくなる。

③学習内容が難しくなる
進み方が早くなり、理解や問題解決のためにより抽象的な思考力が要求されるよ

うになる。復習などの自主学習の習慣も必要となり、学力の個人差が大きくなる。

④先生との距離が遠くなる

教科ごとに先生が替わり、学級担任と接する機会が少なくなる。

⑤子ども同士の関係が変化する

他の小学校を卒業した子と一緒のクラスになるなど、新たな友人関係を築く必要があり、また部活などで先輩・後輩といった上下関係を経験するようになる。

最近では、こうした変化を低減させるべく、小学校と中学校の連携が模索されたり、接続の仕方が検討されたりしている。しかし、小学校から中学校への移行に際して環境の変化が小さい一貫校の小学校6年生や中学1年生と、変化が大きい非一貫校の小学校6年生や中学1年生を比べても、両者の間に学校適応感に差がみられないといった調査結果もあり、必ずしも変化を小さくすれば中学生の不適応が防げるということでもなさそうである。

変化が大きなストレスになるというのは当然としても、右にあがっている①〜⑤

の変化は、何も最近顕著になったというわけではなく、小学校から中学校への移行に当たって昔からだれもが経験してきたことである。

それにもかかわらず中1ギャップという言葉が生まれ、変化を和らげる必要性が浮上してきたということからして、生活環境の変化に適応する能力が鍛えられにくい時代になっていると考えられる。不登校の急増の背景にも、そうした時代的要因が絡んでいるのではないだろうか。

第3章　学校に行かないといけないのか

社会に出る前の準備期間を過ごす場

今では義務教育制度があり小学校と中学校に通う義務があったり、ほとんどの人が高校まで通ったりしているため、学校は行かなければならないところといったイメージが強くなっている。そのため無理やり行かされるというような感じになっている。

だが、経済的に余裕のある家庭の子しか学校に通えず、余裕のない家庭の子は農作業や商売などの家業を手伝ったりしなければならず、学校に通いたくても通えない時代もあった。普段、学校に通っている場合でも、田植えの時期には学校が休みになり子どもたちが田植えを手伝ったりする農繁休業という制度が昭和20年代まであったりした。

つまり、今は多くの子どもたちが学校に通える時代であるため、学校に行かなければならないと義務的なものを意識しがちだが、学校に行きたくても家業の手伝いをするために学校を休まなければならない子が多数派である時代もあったのだ。

自分から望むことならやる気も出るが、やらされることだとあまりやる気になれないものである。ゆえに、小・中学校が義務教育化されたり、みんなが通うから高校までは行かなければといった感じになったりしたことにより、「学校に行きたい」といった思いより、「学校に行かなければならない」といった義務感の方が強まるのもやむを得ないことといえる。

でも、子どもたちがいきなり社会に出て働くのは大変だし、躓いてしまうこともあるので、社会生活を送るうえで必要な能力を磨いたり、もっていた方がいい知識・教養を身につけたり、社会の仕組みを知ったり、世の中のさまざまな仕事の実態を知ったりするために、猶予期間を与えられ学校に通うのだと考えると、学校に行くことにさまざまなメリットがあることに気づくだろう。

さらには、社会というのは異質な人間たちの集まりの場であるため、自分とはまったく違うタイプの人たち、自分の性格や価値観からすれば「あり得ない」と思わざるを得ない人たちともかかわっていかなければならない。学校に通うことには、そのような複雑な人間関係をうまく調整していくためのトレーニングという意味もある。学校というのも異質な人間の集まりの場だからだ。

このように、学校に通うことには、いろいろな意味で思い通りにならない現実を前向きに生きていくために頭や心を鍛える、といった意味があるといえる。では、そのあたりの事情について、もう少し具体的に考えてみることにしたい。

最低限必要な知識や社会性を身につける場

家庭の教育機能の低下が指摘されることが多いが、日本の家庭は元々子どもに甘く、子どもの社会性を鍛える役割は共同体の子育て、つまり家庭外の組織に頼っていた。大人として社会生活を送るために必要な知識や心構えなどを教える教育機能は、子ども組や若者組など地域社会の組織が担っていた。

子ども組は、子どもの社会化機能を担うもので、7歳から15歳の少年によって構成される自治的な組織であった。男子は15歳、女子は13歳になり成年式を行うと、若者組・娘組に入った。若者組に入ると、厳しい戒律を守りながら社会的役割を担うようになるというのが一般的だった。

子ども組では、異年齢の子どもたちが協同してさまざまな行事を行うことを通して、やがて組み込まれていく社会に適応するのに必要な社会性を身につけていった。とくに、各種の祭などの年中行事に際して、若者組とともに中心的な役割を果たした。そこでは、子どもたちの活動が地域社会に直結しており、子どもたちにとっては社会的役割を担うための訓練にもなっていた。

このような共同体が一人前の社会人になれるように子どもや若者を鍛えるということは、近世ばかりでなく明治時代になってからも行われていた。学校教育が制度化され、教育・しつけの機能を学校が担うようになっても、地域社会によるしつけが根強く機能していた。

教育学者の佐野茂は、庶民家庭に育った明治・大正生まれの年長者に、物心がつき始めた頃から小学校卒業頃までのことについて回想してもらうという調査の中で、明治後半から昭和初期頃のしつけについて尋ねている。その結果をみると、当時はしつけは地域と学校が担っており、親はあまり子どもの社会化機能を担っていなかったことがわかる。具体的には、つぎのような回答がみられた（佐野茂「明治期後半、大正、昭和初期の庶民階層における家庭の教育に関する一考察――年長者からの聞き書き調査による「一家団欒」の考証」『梅光女学院大学論集』26所収)。

「学校も厳しく父母はノータッチで先生の言われるとおり実践していた」

「部落全体から教わった」

「全て学校任せだったと思う。こころがけての家庭のしつけというものは記憶にない」

「家族の人からというよりも、学校、地域の人から言われたと思う」

「学校、若衆連中でいろいろ厳しく注意ごととかを言われたが、家で何かとりたててという記憶はない」

「特段家庭においてしつけというものはなかったと思う」

「おそらく地域全体からいつのまにか社会のルールを学んでいた気がする」

「家庭からいろいろと学んだという意識はないのだが」

「若者衆でのルールがとにかく厳しかったので家庭でのしつけは忘れた」

「しつけは学校でされたと記憶している」
「部落のしつけは厳しかった。部落のしつけを身につければ一人前であった」

ところが、移動性社会の進展により地域社会の教育機能が弱体化し、子どもが大人になっていくための準備としての教育機能はほぼすべて学校が担うこととなった。子ども会として祭などの行事の手伝いを子どもたちにさせている地域もあるが、かつてのような子どもの社会化機能を担っているとは言い難い。

こうして、学校に通うことで、社会生活を送るうえで守らなければならない決まり、引き受けなければならない義務や役割、社会の仕組みやさまざまな産業の実態、生活の知恵や教養などについて学ぶということになった。

だが、最近は学校のあり方に対する批判もみられ、学校の社会化機能も弱体化してきている。学校の現状をみると、実際に改善すべき点も多々あると思われるが、これまで学校によって担われてきた機能をどこが代行するのかという視点から検討する必要があり、学校に行かずに個々の児童生徒の個性に対応できていない学校の弊害から逃れれば済むということではないだろう。

必要な知識は学校に通わなくても在宅でも得ることができるし、オンライン学習の方が個人の学習の進度に応じた学び方ができるので、学校の教室での一斉学習よりも効果的だといった意見もある。

それにも一理あるが、だれもが自宅で、自分ひとりの状況で、モチベーションを維持して学習活動に向かうことができるのかといった視点から検討することも必要である。

学校に通っていても、テレビを見たり、ゲームやSNSやインターネットに没頭したりして、宿題ができない子もいることを考えると、よほど意志の強い子でない限り、在宅のひとり学習に没頭し続けるのは難しいのではないだろうか。

学校に通うことには、社会的促進という心理効果のメリットもある。

私たちは、知らず知らずのうちに他者の影響を受けているものである。社会的促進とは、他者の存在が個人の作業を促進したり、成績を向上させたりすることを指す。多くの心理学の実験によって、傍《そば》で同じ作業をしている他者がいる方が、ひとりでするよりも、作業が促進されることが実証されている。

これは生物の一般的な習性なのかもしれないが、離乳したばかりのラットを用いた実験でも、1日おきに単独で食べさせたり、仲間と一緒に食べさせたりした結果、単独でいるときより仲間と一緒にいるときの方が一貫してよく食べることがわかっている。また、アリの巣づくりの観察実験でも、単独で巣づくりをするときより仲間とペアになってする方が、明らかに掘り出された土の量が多いことが確認されている。

ひとりだとだらけてしまうから図書館で勉強するというのもよくあることだが、それは周りの人たちがみんな静かに机に向かっている雰囲気に包まれることで勉強に集中できるからである。家にいるとだらけてしまい、ついサボってしまうというのも、夏休みなどの長期休暇でだれもが経験しているのではないだろうか。社会的促進効果という点からも、学校に行くことには、ひとりで自宅にいるよりも学習活動に取りかかりやすいといったメリットがあるといえるだろう。

もちろん学校に代わるどこかに通うことでも、そこに学習活動に取り組む子どもたちが集まっているのであれば、社会的促進効果の恩恵にあずかることもできるだろう。

さらには、学校から離脱した場合、元々子どもに甘く、社会化機能をあまり発揮できていなかった日本の家庭が、はたして子どもが自信をもって社会に出ていけるように社会化機能を発揮することができるだろうかという懸念もある。

頭を鍛える場

社会生活を送るうえで必要な知識を身につけるといっても、学校の勉強が何の役に立つのか、社会に出てから何の役にも立たないじゃないか、といった論調を目にすることがある。

数学の時間に方程式を解いたりしたが、仕事で方程式を解くことなどないし、学校を卒業してから方程式なんて解く機会などまったくない。小難しい微分・積分でずいぶん苦しめられたけど、学校を出てから微分・積分の式を使う機会がないどころか、微分・積分っていう言葉すら聞くこともない。そんなセリフをしばしば耳にする。

実際、よほど特殊な仕事でない限り、仕事で方程式を解いたり微分・積分の計算をしたりするようなことはまずないだろう。もちろん私生活でもそんな知識を活かす機会などないはずだ。

だが、重要なのは実生活で数学で習った式を使ったり計算したりするかどうかではない。数学を学ぶ意味は、その学習によって頭を使い、数学的考え方に馴染むことで思考力が磨かれ、仕事や私生活でぶち当たるさまざまな課題を解決する力がつくというところにある。

その意味では、単に式を暗記して計算するといった学び方ではなく、その意味を理解しながら学ぶ必要があるのはもちろんである。たとえば、微分・積分であれば、ただ計算練習をするというのではなく、その概念について理解する必要がある。

そんな複雑な概念や式どころか、算数で習ったような単純な計算でさえ、今や仕事でも私生活でも使うことはない、スマートフォンの電卓機能ですべて間に合う。

そのような声を聞くこともある。

実際、小学校で学ぶ算数の計算ができない人でも仕事をしている。計算が苦手でも、レジを打てば金額が出るので、何の支障もない。だが、レジに頼るばかりで頭を使っていないため、打ち間違えてあり得ない金額になってもお客から指摘されないとわからなかったりする。お客の頭も働いていない場合は、間違った金額のままになってしまう。スーパーなどではレジに打ち込む必要もないのでそうした間違いはないため、ますます頭で計算する必要がなくなっている。

だが、大事なのは社会に出てから頭で計算する必要があるかどうかではない。計算をするに当たって頭を使うことに意味があるのだ。頭の中で計算に相当する大まかな変換もできないというのでは、日常生活にも支障が出てくるのではないか。だが、それ以上に、仕事上、あるいは私生活上で解決を迫られるさまざまな問題に対処する際に、頭の中の変換機能が鍛えられていることが大いに役に立つはずだ。

社会の勉強に関しても、歴史の時間にいろいろな事件の年号を覚えさせられたけど、社会に出てから、何時代にどんな事件があったとか、何々事件が起こったのは何年だったというような会話をすることはないし、そんな知識を問われることもないし、まったく無駄な勉強だった、というような声を聞くこともある。

実際、歴史の時間に習った事件の概要や年号が、仕事上の雑談や私生活での雑談に出てくることなど、まずないだろう。その意味では、事件名や年号は、とくに覚えている必要はない。でも「歴史は繰り返す」といわれるように、歴史上の出来事の背景を考えることが、たとえば社会の変動や人間の欲望についての知恵を与えてくれる。今、目の前で起こっていることを理解したり、自分自身のとるべき行動を検討したりする際に、歴史をめぐる考察が複眼的な視点を与えてくれたりする。

数学や歴史に限らず、学校の勉強には、頭の体操になり、地頭《じあたま》が鍛えられるという効用があるのである。

たとえば、地学で学んだ天体の運動も、物理で学んだ分子や原子も、生物で学んだ遺伝の法則も、数学で学んだ微分・積分の計算も、歴史で学んだ戦国時代の戦いの構図も、国語で学んだ代表的な小説や詩の鑑賞も、英語で学んだ構文も、そのものが社会に出てから直接役に立つことはまずないだろう。

だが、それぞれの学びに際して、そのときどきのテーマを理解しようと一所懸命に考えることが頭の体操になり、その繰り返しの中で地頭が鍛えられていく。

このように学校で学んだ知識を社会に出てから直接的に使うことはないかもしれないが、学ぶこと自体が頭の使い方の練習になっているし、視野を広げることにもつながっているのである。

大学生をみても、すぐに役立つ実学を重視する世の中の風潮のせいか、教養を深めるような授業にはまったく関心がなく、表面的なスキルを磨くことにばかり気持ちが向いている者が非常に多いように思われる。

だが、それで就職してから力を発揮できるだろうか。プレゼンテーションのスキルを磨いて、たとえ就活を突破できたとしても、その場限りの勝負に近い就活と違って、長い仕事生活の中では、表面的なメッキはすぐに剝《は》がれてしまうだろう。いくらプレゼンテーションのスキルがあっても、内容が乏しかったり、思考が浅かったりすれば、そうした弱点はすぐに周囲に知られてしまうはずだ。

さらにいえば、ＩＣＴの飛躍的な発達により、先の予測が不可能な時代に突入している。ゆえに、将来の仕事に役立つ勉強をしたいといっても、そもそも何が役に立つかなど、そのときになってみないとわからない。そうであるなら、将来何をすることになっても活かせる一般的な能力を磨いておくべきだろう。

作家の塩野七生は、高校生たちとの対話の中で、「人生で役に立つことがひとつだけある。それは教養を身につけることだ」と言っている。まさにその通りだと思う。

幅広い教養を身につけることで、何か目の前に課題が生じた際に、さまざまな視点から検討し、頭の中にあるいろいろな引き出しから必要な知識を取り出しながら、自分の進むべき最善の道を模索することができる。

かつての若者は、教養を身につけるための勉強をしていた。だが、このところ若者に実用的な学びばかりを求めるようになっている。今の若者の苛まれがちな生きづらさは、教養を身につける機会が少なく思考が深まりにくいことも関係しているのではないだろうか。

学校での勉強には、非認知能力を高めるという効用もある。

第2章でも述べたが、非認知能力とは、自分を動機づける力、長期的な展望のもとに行動する力、我慢する力、衝動をコントロールする力、自分を信じる力、他者を信頼する力、他者の気持ちに共感する力、他者とコミュニケーションする力など、知的能力とは異なる能力のことであった。

さまざまな研究により、非認知能力が高いほど、学歴が高く、年収が高く、健康度が高く、犯罪（麻薬に手を出すなど）率が低いなど、人生がうまくいく可能性が高いことが実証されている。

その非認知能力を高めるのに、学校での宿題や試験勉強が役立つと考えられる。与えられた課題をこなしたり、試験で合格点を取ったりするには、緩みがちな気持ちを引き締め、やる気を燃やす必要がある。怠惰になりがちな自分を動機づけないといけない。宿題や試験勉強はそのための訓練の機会を与えてくれる。

今日くらいのんびりしてもいいだろう、という気持ちになるたびに勉強をサボったり、友だちから遊びに誘われるたびに「今日くらいいいだろう」と誘いに乗ったりしていては、宿題や試験勉強が疎《おろそ》かになってしまう。目の前の誘惑に弱いのが人間の本性ともいえるが、そこは何とか我慢して、しっかり勉強をしていくことにより、忍耐力が培われたり、長期的な展望のもとに行動する力が身についたり、モチベーションを高く維持できるようになったりする。

このように、学校での宿題や試験勉強は、さまざまな面で自己コントロール力を鍛える試練の場を与えてくれる。人生はなかなか思うようにいかないことの連続だし、こうして自己コントロール力を鍛えることは、必要なときに勉強を頑張ったり、継続的に勉強する習慣を身につけたりするのに役立つだけでなく、人生において降りかかってくるさまざまな試練を乗り越える力にもなるのだ。

人間関係のスキルを体得する場

この章の冒頭で述べたように、社会というのは異質な人間たちの集まりの場である。そんな社会に出て、多少戸惑うことがあっても何とか前向きにやっていくためには、異質な他者たちとのやり取りに慣れておく必要がある。

前章で、中１ギャップについて紹介したが、ひとつの中学校区には複数の小学校が含まれるものである。そのため中学に進学すると、自分と違う小学校から進学してきた初対面の同級生もたくさんいる。そんな環境に適応するストレスに苦しむ生徒が増えているということで、中1ギャップということがいわれるようになった。そうしたストレスはきついだろうが、まさにそんな中学校生活への適応が社会に出ていくための訓練にもなっているといえる。

別の小学校から来た初対面の同級生たちに限らず、同じ小学校から来た同級生であっても、みんなが気の合う仲間というわけではない。同じクラスにも、気の合わない相手、価値観の合わない相手、嫌だなと思う相手もいるものである。でも、そうした異質な相手と同じ教室で過ごし、当番やらイベント、あるいは授業中のグループ学習などを一緒にやらなければならないこともあるだろう。

それはきついだろうが、社会に出たら気の合う仲間とばかり一緒にいられるわけではない。異質な相手とかかわることなしに社会生活を送ることはできない。

そのための能力は、気の合う友だちや家族とかかわっているだけでは発達していかない。その意味でも、異質な者同士がたくさん集まっている学校での生活は、社会性を身につけるうえで重要な訓練になる。学校で人間関係に揉《も》まれる経験によって人間関係のスキルが発達し、異質な人間たちとかかわらなければならない社会生活への適応がスムーズになるのである。

ある新聞社の取材に対して、ある中学校の校長は、「長い教員人生で、経験したことがない状況に直面している」とし、不登校や休みがちな子どもはとくに1年生に多く、学校全体では約13人にひとりにのぼるという現状について語っている。

そして、「大勢の中に入るのを苦手とする子が多い」と指摘したうえで、コロナ禍の影響はかなり大きく、「小学校や中学校は集団生活の中で人と折り合いを付けたり、我慢したりする体験を通して社会性を身に付ける場」であるのに、「感染拡大による休校や行事の中止・縮小、給食の「黙食」などによって、コミュニケーションの機会が少なくなった」ことが大きいという（今井俊太郎「不登校急増の実情と背景を探って――連載取材で見えた課題」『新聞研究』№.８５３所収）。

このように学校というのは、勉強を通して社会生活に必要な知識や教養を身につけたりする場であるだけでなく、人間関係に揉まれることを通して人間関係のスキルを体得する場でもあるのだ。

心を鍛える場

学校生活というのは、勉強でも友だち関係でも、なかなか思い通りにならなくて悩み苦しむことが多いものである。

それは非常にきついことではあるが、勉強で思うような成果が出なかったり、友だち関係や部活の人間関係に悩まされたり、先生との関係がうまくいかずに悩んだりすることで、なかなか思うようにならない現実に傷つきながらも何とか乗り越え、前向きに歩んでいくしぶとさを身につけていく。

それによって、ちょっとやそっとのことでは折れないタフな心に鍛えられていく。いわゆるレジリエンスが鍛えられ、高まっていく。

嫌なことがあればだれでも落ち込むものだが、すぐに立ち直れる者もいれば、いつまでも落ち込んだ気分のまま尾を引いてしまう者もいる。そのように逆境に強い者と弱い者がいるが、一体何が違うのか、といった疑問によって始められたのがレジリエンスの研究である。

レジリエンスについては、第1章で簡単に解説したが、ここで改めて要点を示しておこう。

レジリエンスとは、心の復元力のことで、嫌なことや大変なことがあって一時的に落ち込んでもすぐに立ち直る力のことである。注意されたり叱られたりすると傷つき落ち込み、立ち直れない子どもや若者がこのところ増えているということで、できるだけ厳しいことは言わずに、極力ほめることで良い気分にさせてあげるようにという風潮が世間に広まっている。

だが、それによってレジリエンスが低いまま大人になってしまい、傷つきやすく、心が折れやすい人間になってしまう恐れがある。レジリエンスは、少しずつ挫折を経験したり、なかなか思い通りにならない厳しい状況に追い込まれたりすることで鍛えられていく。

それは経験的に納得できることだが、動物を用いた実験でも、段階的にストレスにさらされることによってレジリエンスが高まることや、幼児期に軽いストレスにさらされた方が青年期になってからのレジリエンスが高いことが確認されている。

そうしてみると、なかなか思い通りにならない学校生活というものには、厳しい社会の荒波に負けず、それを乗り越えていけるように、レジリエンスが鍛えられるという点で意味があるといってよいだろう。

自分を知る場

学校は、勉強をする場であったり、集団生活を通して社会生活に慣れていく場であったりするだけでなく、自分を知る場でもある。ここでは、そのことについて3つの観点を指摘しておきたい。

第1に、同じクラスの人たちを観察したり、個別にやり取りしたりすることを通して、他人と自分の違いを意識するようになる。それが自分の特徴を知るきっかけとなる。

感受性であれば、たとえば何かにつけて自分と違う反応をする同級生とのかかわりの中で、「なぜあんなに落ち込むんだろう」「なぜこんなことで怒るんだろう」「そんなにうれしいことなのかな」などと疑問に思うと同時に、自分がわりといつも冷静で落ち着いていることに気づいたりする。

　対人関係能力についても、たとえば社交的な同級生を見ていて、「あんなふうに積極的に友だちに話しかけられるのは羨ましいなぁ」「断られるのが怖いから、あんなふうに自分から誘うことはできないな」「だれとでもすぐに気安くしゃべれていいなぁ」などと羨んだり驚いたりしながら、内気でなかなか友だちとの心理的距離を縮められない自分の性格を強く意識するようになったりする。

　友だちとのかかわり方だけでなく、先生とのかかわり方に関しても、たとえば先生にも臆することなく気軽に話しかける同級生を見て、「先生に対しても緊張せずに話せるなんてすごいなぁ」「先生をからかうなんて、自分にはできないな」などと驚いたり感心したりしながら、自分は目上の人に対しては気をつかいすぎて緊張しやすいため、なかなか打ち解けて話せるようになれないといった性格的な特徴に気づいたりする。

　そのほかにも、粘り強さ、我慢強さ、楽観性、協調性、柔軟性、誠実さ、意欲、まじめさ、軽率さ、攻撃性、神経質など、自分のさまざまな性格面の特徴も、周囲の同級生たちとの比較を通して気づくようになる。

知的能力についても、たとえば算数の成績の良い同級生たちと比べて、「算数は苦手だなぁ」と感じたり、国語の成績が周囲の同級生たちよりも良いことから、「国語はわりと得意みたいだなぁ」と感じるなど、周囲との比較を通して自分の得意な科目や苦手な科目を意識するようになる。

勉強に対する姿勢についても、たとえばいつもきちんと宿題をやってくる同級生と比べて、「偉いなぁ。自分はついゲームに夢中になって宿題を忘れちゃう。もっと強い意志をもたないとダメだなぁ」などと自分の勉強に対する姿勢の短所に気づいたりする。

運動能力についても、たとえば球技の上手な同級生たちと比べたり、走るのが遅い同級生たちと比べたりすることで、「自分は走るのが速いけど、どうも球技は苦手だなぁ。筋力はあるけど、なんか不器用なのかな」などと自分の運動能力の特徴についての気づきを得たりする。

第2に、いろいろな科目の学習を通して、自分の興味の方向性を意識するようになる。

学校では、好き嫌いにかかわらずさまざまな科目の学習をすることになる。それによって、「これは面白いなぁ」と興味を惹《ひ》かれたり、「こんな勉強、つまんないな」と退屈したり、「こういうのは得意だな」「こういうのは苦手だな」などと得手《えて》不得手《ふえて》を意識したりする機会が得られる。そうした経験を重ねることで、自分の好きな科目や分野、好きでない科目や分野、得意な科目や分野、苦手な科目や分野、とくに興味のある科目や分野などがわかってくる。

好きな勉強だけをすればいいのに、あらゆる科目を学ばせる今の学校のやり方はおかしいという人もいるが、それでは新たな自己発見につながりにくいし、自分の可能性の幅を狭めてしまう。小さい頃から自分の進みたい道がはっきり固まっている子の場合は、それでも良いかもしれない。しかし、多くの子どもの場合は、自分の能力の特徴や興味の方向性についてよくわからないものである。

授業があるので何となく勉強してみたら、「こういうの、自分はわりと得意かもしれない」「これって、意外に面白いかも」などといった気づきが得られたりする。

新たな自分の能力や興味への気づきを得るためにも、さまざまな科目の学習機会をもつことは大切である。

第3に、クラスの友だちや部活の友だちと語り合うことで、自分の思いや考えがはっきりつかめるようになることがある。

大人でも、自分がどう思っているのか、どう考えているのかがはっきりつかめないことがある。たとえば、仕事や進路にしろ、恋愛や職場の人間関係にしろ、自分がどうしたいのかがわからないときに、信頼できる友だちや先輩に相談したり、ときにカウンセリングを受けたりする。そこで行われるのは、自分の心の中を振り返り、語ることである。その際、人に語るには、はっきりつかめていない心の中のモヤモヤを言語化する必要がある。そうでないと語れない。ゆえに、人に語る機会をもつことで、モヤモヤした心の中が整理され、しだいに自分が見えてくる。それがまさにカウンセリングの原理でもある。

子どもたちの場合も同じである。学校でクラスや部活の友だちと語り合う中で、モヤモヤしてはっきりしない思いや考えを言語化しなければならず、それによって自分がどう思っているのか、どう考えているのかがつかめるようになる。

これが「自己開示の自己明確化効果」と私が名づけているものである。自己開示というのは、自分の心の内を率直に伝えることであるが、学校に行けば率直に語り合える仲間がいるという状況では、自己開示の自己明確化効果が働き、つかみどころのない自分が見えてくるということがある。

このような意味において、学校というのは自分を知ることができる場なのである。

無理して学校に行かなくてもよいとする風潮

このところ不登校に関しては、無理に学校に通わなくてもいいのではないか、という意見もみられるようになってきた。

かつては不登校への対応としては、校門までの登校、放課後の登校、保健室などの別室登校など、工夫をしながら学校に戻れるように支援していくのが一般的だった。もちろん今でもそうした支援が主流ではあるが、何も無理をして学校に戻らせなくてもいいのでは、と考える人も出てきている。

それには、学校が個人の個性に対応した教育ができていないなど、一斉教育に対する批判に代表されるように、学校に対する不信感が根底にあるように思われる。

だが、きっかけとしては、第1章で紹介したように、2016年に文部科学省により「義務教育の段階における普通教育に相当する教育の機会の確保等に関する法律」が公布され、この法律に則って不登校の児童生徒の教育機会の確保を推進するために、2017年に「義務教育の段階における普通教育に相当する教育の機会の確保等に関する基本指針」が公表されたことがあげられる。

その基本指針では、「不登校というだけで問題行動であると受け取られないよう配慮」する必要があるとし、また支援に際しては「登校という結果のみを目標」にするのではなく、児童生徒が自らの進路を主体的にとらえて、社会的に自立することを目指す必要があるとしている。そして、不登校の児童生徒が教育を受けられるように、教育支援センターや特例校、夜間中学などの設置の促進を訴えている。

不登校の子どもたちに多様な教育機会を保障するのは大事なことである。だが、このような文部科学省の方針転換が不登校を増加させているとの指摘もある。無理して学校に行かなくてもよいと考える親が増えていることは以前から指摘されてきたし、そうした文部科学省の方針転換がこのところの不登校の急増をもたらしているのかどうかはわからない。だが、無理して学校に行かなくてもよいのではないか、という保護者がさらに増えるきっかけになったといえそうである。

このような風潮は、不登校の子どもを抱えて悩む保護者の気持ちを多少和らげる効果があると思われる。だが、必ずしも学校への復帰を目指す必要はなく、学校外に居場所があればいいということになると、本章で、ここまでにみてきたような学校のもつメリットを享受することができなくなってしまいかねない。

同じく不登校といっても事情はさまざまであり、無理に学校復帰させない方がよいケースもあるだろうが、ちょっと無理すれば学校復帰できるケースもあるだろうし、何とか学校復帰につなげた方が本人にとって良いケースもあるはずである。

ゆえに、無理に学校に復帰させなくてもいいと決めつけずに、個々のケースに応じて適切に判断する必要がある。これについては、第５章で詳しくみていくことにしたい。

学校に復帰しなくても勉強する場はある

もちろんどうしても学校に行けないという場合は、自宅をはじめとして学校以外の場で勉強をすることもできる。自宅で勉強する方法もあるが、ひとりで効果的な学習を続けていくのもなかなか難しい。その場合は、通常の学校とは異なる学校に通うという手もある。

そのような不登校児童生徒のために、学校の多様化が積極的に進められている。

不登校の児童生徒が学校に籍を置きながら通う施設として、「教育支援センター（適応指導教室ともいう）」がある。教育支援センターとは、学校以外の場所に不登校の児童生徒を集め、学校生活への復帰を支援するための指導・援助を行う教室のことである。２０１９年の文部科学省の調査によれば、教育支援センターを設置している自治体数は１１４２で、約63％の自治体に設置されている。設置を検討中という自治体も多数みられたため、その後さらに増えていると思われる。

教育支援センターは、不登校の児童生徒の支援のための地域の拠点として位置づけられており、不登校になった場合、籍のある学校の先生と相談のうえでまず最初に頼るべき支援機関といえる。教育支援センターにおいて適切な指導を受けているとみなされる場合は、在籍校において出席扱いとすることができる。

教育支援センターは、原則として通所を希望する児童生徒への支援が中心だが、不登校の児童生徒が増加し続けているため、近年では通所を希望しない児童生徒への訪問支援を行うこともある。

不登校の児童生徒のための学校として設立・推進が行われているのが、「不登校特例校」である。不登校特例校というのは、学校に行きづらい不登校の児童生徒の実態に配慮した、特別に編成された教育課程に基づく教育を行う学校のことである。通常の学校より授業時間を減らしたり、体験活動を重視したり、少人数指導や習熟度別の指導を行ったり、教育相談などの支援体制を整えたりするなど、不登校の児童生徒への特別な配慮に基づいて運営されており、通常の学校への復帰が難しい場合は、このような学校に通うという選択肢もある。

ただし、文部科学省では将来的に全国に３００校の設置を目指すとしているが、不登校特例校はまだ非常に少なく、２０２３年時点で全国にわずか24校しか設置されていない。そのため、24校中８校が集中している東京都を除くと、不登校特例校に通うのは現実的には非常に難しい。

不登校に限らず、何らかの事情で義務教育を受けられなかった人（高齢者等の大人も含めて）が義務教育を受けられる学校として「夜間中学」がある。なお、在籍校に籍を置いたまま、教育支援センターやフリースクールなどと同様に夜間中学で支援を受けることも可能であり、それによって在籍校で出席扱いになる場合もある。

ただし、夜間中学も、文部科学省では各都道府県・指定都市に最低１校以上の設置を目指しているが、２０２３年10月時点で17都道府県に44校が設置されているといった状況である。２０２４年度設置予定が９校、２０２５年度設置予定が７校と、今後増えていく動きにはあるが、居住地域によっては通うのが困難な状況はしばらく続きそうである。

通常の学校に通うのが困難な場合の選択肢として「通信制高校」もある。かつては働きながら学ぶ若者が主な対象であったが、近年は不登校経験者など多様な若者の入学が増えている。

通信制高校の場合、学校を選ぶ際に居住地域に縛られることがないため、遠方の学校に入学することも可能である。そのような需要にこたえるため、設置都道府県以外の居住者も受け入れる学校を「広域通信制高校」という。

広域通信制高校は、２０００年頃から急速に増えてきており、２０２０年４月時点で全国に１０９校となっている。ただし、数のうえでは充実してきているものの、教育体制の不備など不適切な運営が行われている学校の存在も明らかになっており、文部科学省では各学校への監督・指導のあり方が検討されている。ゆえに、通信制高校を選択する際には、候補先や運営体制を十分に調べて検討する必要がある。

通常の学校に通うのが困難な場合の選択肢として「フリースクール」もある。フリースクールとは、不登校の児童生徒に対して、学習活動・教育相談・体験活動などを行う民間の施設のことである。

フリースクールは、２０１９年の文部科学省の調査によれば、全国に２５２施設あるとされており、かなりの数にのぼる。ただし、施設によって内容はさまざまであり、かなり幅が広いので、子どもの状態や適性に応じてどこが合うかを判断する必要があると同時に、施設運営の方針や実態の適切さを慎重に検討して判断する必要がある。

不登校経験者の多くが高校に進学している

不登校の児童生徒の人数が増加し続けているだけでなく、成人後のひきこもりも増えており、２０１９年の内閣府による調査では、15歳から39歳よりも、40歳から64歳の中高年のひきこもりの方が多いことがわかり、深刻な社会問題とみなされるようになった。その後もひきこもりは増えており、２０２２年に内閣府により実施された調査では、15歳から64歳のひきこもり人数は約１４６万人と推定されている。

このように不登校から成人後のひきこもりへの移行が懸念されるため、安易に、学校に行かなくていいとも言い難い状況になってきている。この問題については後に取り上げたいと思うが、小・中学校時代に不登校を経験した子どもたちの多くが高校に進学しており、学校にもっと行っていればよかったと思っていることを考えると、不登校になった時点で早々に学校復帰を諦めずに、まずは学校への復帰を全力で支援することが重要なのではないだろうか。

たとえば、文部科学省が２０２１年に実施した、前年度に不登校であった小学6年生と中学2年生を対象とした「令和2年度不登校児童生徒の実態調査」によれば、学校を多く休んだことに対して、小学6年生では、「もっと登校すればよかったと思っている」という者が25・2％であるのに対して、「登校しなかったことは、自分にとってよかったと思う」という者が12・8％というように、不登校を後悔している者の比率が不登校を肯定している者の比率の2倍となっている。中学2年生においては、「もっと登校すればよかったと思っている」という者が30・3％であるのに対して、「登校しなかったことは、自分にとってよかったと思う」という者が10・3％というように、不登校を後悔している者の比率が不登校を肯定している者の比率の3倍となっている。

このような不登校経験者を対象とした調査データからも、不登校に陥った際には、まずは第一に学校への復帰に向けて支援すべきであろう。

また、文部科学省による「不登校に関する実態調査～平成18年度不登校生徒に関する追跡調査」では、中学3年生在籍時に不登校であった生徒に対して5年後に追跡調査を行っている。その結果をみると、不登校だった生徒の85・1％が高校に進学している。さらに大学・短大・高専に進学した者も22・8％となっている。

こうしたデータをみると、たとえ中学生時に不登校であっても、その後ほとんどの者が高校に進学していることがわかる。

学校に通うことを軽視する風潮があるが、このような不登校経験者の意識やその後の進路についてのデータをみると、学校に行かなくてもいいと安易に考えるのは早計であるといってよいだろう。

第4章　自分の現状をどうとらえたらよいか

なぜ学校に行きたくないのだろうか

不登校の理由についてはさまざまな調査が行われているが、どの調査データをみても、本人自身がよくわからないと答えている場合が非常に多い。

実際、第1章で紹介したように、文部科学省が2020年から21年にかけて実施した前年度に不登校であった者を対象とした「不登校児童生徒の実態把握に関する調査」でも、最初に行きづらいと感じ始めたきっかけについて、「きっかけが何か自分でもわからない」という児童生徒が小学6年生で25・5%、中学2年生で22・9%、つまりほぼ4人にひとりがなぜ不登校になったのかわからないと答えている。

第1章で取り上げた「先輩ママたちが運営する不登校の道案内サイト『未来地図』」が、不登校または元不登校の子どもの保護者を対象とした2021年の調査でも、「子ども自身も、学校へ行けない理由が分からない」(37・5%)と答えており、自分の子どもが不登校になった当事者である保護者の4割近くが、本人も学校に行けない理由がわからないのだろうと感じているのである。

日本財団が、中学生を対象として2018年に実施した「不登校傾向にある子どもの実態調査」でも、年間30日以上学校を休んでいる者があげる「中学校に行きたくない理由」として、「自分でもよくわからない」が44・0%にものぼったのである。

不登校のきっかけとして、体調不良、いじめや友だち関係のトラブル、勉強がわからないことなどがあげられることが多い。しかし、体調不良の原因がよくわからなかったりすることも少なくない。また、いじめは別としても、友だち関係のトラブルや勉強がわからないということがあっても、みんなが不登校になるわけではなく、むしろ多くは登校している。そうしてみると、何らかの不登校の理由をあげている場合も、それは表層的なものに過ぎず、ほんとうのところはよくわかっていないことが多いのではないか。

不登校の研究者でもある小児科医の村上佳津美は、不登校は初期の段階では身体症状を訴えて小児科外来を受診してくるが、その時点では本人も自分が不登校傾向にあるとの自覚がないことが多く、腹痛や頭痛などを繰り返し訴え、とくに朝に症状が強い場合が多いという。さらに、不登校児童への対応に関して、つぎのように述べている。

（前略）多くは原因がはっきりしない、またははっきりした原因がない場合がほとんどである。そのため不登校傾向がある場合に原因追及をする質問は意味がなく必要ない。その質問は答えられない質問となるため患者は答えに窮し医師、患者の信頼関係を失う。すなわち身体症状が軽快しているが不登校傾向が続く場合には粘り強く身体症状の治療を続けながら、患者が不登校と向き合うのを待つ。同時に少しずつ患者の背景因子について検討していく。背景因子としては発達障害、精神疾患、家族関係の問題、学校関係の問題などである。これらについて、受診当初にいきなり聞くと信頼関係が失われるが、身体疾患の治療が進み、信頼関係が得られた後であればさりげなく少しずつ聞いていくことができるようになる。

（村上佳津美「不登校の入り口でできること――小児科医にできる早期対応」『小

児科』Vol. 64 No. 8所収）

このように身体症状の訴えをきっかけに不登校児への対応をしている小児科医からみても、不登校の理由は多くの場合はっきりしないとしている。ましてや初めて不登校の対応をすることになった家族に不登校の理由がわからないのももっともなことといえる。

社会福祉学者の松木宏史は、次男が不登校になったときの経験について、不登校に関する論文の中でつぎのように記述している。

あわせて、長くキャンセル待ちをしていた児童精神科に空きが出て受診することになった。次男はこのクリニックでセラピーを受けることで自身の感情を整理できるようになった。これまで険しい顔をしてため息をつくだけだったのが、学校にいけないしんどさを言語化できるようになったのだ。次男曰く「学校に行こうとするとはあ〜っとなる」そうで、これ以降次男の不登校は「はあ

〜っと病」と命名された。

（松木宏史「「不登校」と生きる——はっきりとはわからない それが辛いのです」『国際研究論叢』36〈3〉所収）

言語化できるようになったとはいっても、「学校に行こうとするとはあ〜っとなる」という極めて感覚的な表現であり、それほどまでに学校に行きたくない理由というのは、つかみどころのないものなのであろう。

先の文部科学省による「不登校児童生徒の実態把握に関する調査」では、前年度に不登校であった小学6年生と中学2年生に対して、「どのようなことがあれば休まなかったと思いますか。実際にあったかどうかにかかわらず選択してください」と尋ねている。

その結果をみると、小学生では、「学校の友達からの声かけ」（15・1％）、「学校の先生からの声かけ」（11・4％）、「個別に勉強を教えてもらえること」（9・3％）などがあげられているが、「特になし」が55・7％と圧倒的に高い比率になっている。

中学生でも、「学校の友達からの声かけ」（17・4％）、「個別に勉強を教えてもらえること」（9・1％）、「学校の先生からの声かけ」（8・7％）などがあげられているが、「特になし」が56・8％と圧倒的に高い比率になっている。

だれかにいじめられているのかとか、授業がわからないのかとか、理由を聞かれることがあるけど、自分でもなんで行けなくなったのかよくわからない、という人もいる。正直に言ってくれていいからとかいう人もいるけど、隠しているわけではなくて、ほんとうに自分でもわからないんだ、という人もいる。

不登校が多様化しており、さまざまなパターンがあるため、個々の事例に即して理解する必要がある。そうはいっても、不登校をしている本人自身にも理由がはっきりつかめないのだから、周囲はどのような支援をしたらよいのかもよくわからない。どうしてほしいのかを本人に尋ねても、理由がわからないため、どんな対応をしてもらえば学校に戻りやすいか、わからないのも当然かもしれない。

立ち止まって考えるのはけっして悪いことではない

不登校にもさまざまなタイプがあるわけだが、毎日惰性のように学校に通うことにふと疑問を感じるというのは、けっして不健全なことではないだろう。

「はじめに」で指摘したように、学校文化の枠組みに疑問を抱くこともなく、ただ何となく学校に通う者と比べて、成績を良くするためにひた走る生活に疑問をもち、立ち止まってしまう者は、けっして否定的に評価されるべきではないだろう。

私自身の学校時代を振り返っても、受験勉強にむなしさを感じ、文学や哲学にふけることで受験で成果を出せなかった友人に対して、何か超越しているようで、むしろ敬意を感じたものだった。

大学でも、良い成績を取って良い会社に入ろうとする、それでいいのか、自分だけ良ければいいのか、世の中の矛盾に目をつぶるような生き方をしていて恥ずかしくないのか、などと心に響く言葉を発する同級生は、自分たちを包み込む学校文化の枠組みに疑問を投げかけ、やがて学校から消えていった。そうした声に後ろめたさを感じつつ、学校文化の枠組みから抜け出さずに自分の道をつくっていった者も少なくなかったのではないだろうか。あそこで立ち止まり、学校文化の枠組みから抜け出していたら、どんな人生になっていたのだろうか。

　就職してからも、企業文化や職場としての学校文化の枠組みに何ら疑問をもつことなく、その枠組みの中で業績を上げる方向にひた走る同僚に薄っぺらさを感じることもあったが、そのような人物こそが適応の良い人材としてその枠組みの中では高く評価されるのであり、職場適応ということをめぐって考えさせられることが多々あった。

『RAILWAYS 49歳で電車の運転士になった男の物語』という映画がある。私は、50代の半ばにこの映画をみて、自分の生き方について改めて考えさせられた。

　大手家電メーカーに勤める主人公は、仕事一途の生活を長く続けており、家庭を顧みることがなかったため、妻や娘とどうもしっくりいっていなかった。そんなとき、50歳を前にして、取締役への昇進を告げられる。だが、同期入社の仲間が工場長をしている工場のリストラを担当させられ、その同期の仲間は物づくりへのこだわりから退職を決め、その後交通事故で死亡する。さらには、遠く離れた故郷でひとり暮らしをする母親に悪性腫瘍が見つかり、入院生活を余儀なくされる。こうした出来事が、主人公の心境に変化をもたらすきっかけとして作用する。

久しぶりに故郷の実家で寛《くつろ》いだ主人公は、かつて自分が集めていた電車の切符を見つけ、子どもの頃の夢が地元の電車の運転士になることだったことを思い出す。そして、今の自分やこれまでの人生を振り返る。家族のことを気づかう余裕もなく、同期の仲間の気持ちや人生を傷つけ、自分自身も息切れしている。はたしてこれが自分の求める生き方だったのか。そんな思いが頭の中で渦巻くようになる。

悩み抜いた末に、この主人公は、自分らしい人生を求めて、会社を辞め、地元の電車の運転士になるため若者に交じって訓練を受け、ついに運転士になった。乗客との気持ちの触れ合いのあるローカル電車の運転士の仕事を通して、一流企業のエリートだった頃には経験できなかった充実感を覚えるのだった。

この映画の主人公のように、現実の仕事生活に疲れ、行き詰まりを感じるときに、子どもの頃の憧れ、あるいは若い頃にやりたかったことを思い出し、そっちに向けて軌道修正し、自分らしい生活を打ち立てることができたという人もいる。ただし、現実は厳しいので、うまくいかないことの方が多いため、自分の現状を振り返っていろいろ考えながら生活を微調整するというくらいが多いのだろう。

このように自分の生活を振り返って疑問を感じる時期が学校時代に訪れた場合、惰性で続けていた学校生活に乱れが生じることがある。葛藤を伴う不登校には、こうした側面もあるかもしれない。

そのような観点からすると、不登校にも建設的な面があることも認めざるを得ないだろう。ただし、そういう事例が一部あるにしても、けっして建設的とはいえない事例が多々みられるのも事実である。

たとえば、不登校に限らず、学校に行きたくないという思いを抱えている事例の中には、インターネットやゲームに熱中するあまり朝起きられなくなるといった事例もあれば、人間関係のスキルが未発達で友だちづき合いがスムーズにいかず、居場所感が得られないために学校に行くのが苦痛になるというような事例もあり、学科の勉強が理解できず授業についていけないため学校に行くのが苦痛になるといった事例もある。

そのように不登校にもさまざまなタイプがあるので、その健全な面だけに目を向けるわけにはいかない。

学校における不適応感が不登校心理傾向を生む

不登校には社会的不適応傾向が絡んでいる面もあり、何らかの適応促進策が必要と思われるケースも少なくない。

では、学校への不適応感にはどのような側面があるのだろうか。

心理学者の鈴木美樹江は、中学生の学校不適応感を測定する心理尺度を作成し、その尺度得点と不登校傾向の間に正の相関がある、つまり学校不適応感が強いほど不登校傾向が強くみられることを確認している。

鈴木の学校不適応尺度は、不適応徴候、被受容感の乏しさ、社会的コンピテンスの不足、という3つの側面を測定するものである。そして、それら3側面は2つの因子で構成されている。主な項目は以下の通りである（鈴木美樹江「中学生における学校不適応感のプロセスに関する研究」『愛知教育大学教育臨床総合センター紀要』13所収より抽出)。

「不適応徴候」は、情緒面の不適応徴候と行動・身体面の不適応徴候に分けて測定される。具体的には、つぎのような徴候があるかどうかをチェックする。

不適応徴候（情緒面）

- すぐにカッとなってしまう
- いらいらすることがある
- 落ち込むことが増えた

不適応徴候（行動・身体面）

- 朝ごはんを食べたくないときがある
- 朝起きてから何もやる気がしない
- 朝起きにくく、午前中調子が良くないときがある

「被受容感の乏しさ」は、対人関係の不安と承認欲求の高さによって測定される。

具体的には、つぎのような心理傾向があるかどうかをチェックする。

対人関係の不安

・自分がいないときに友だちに何を言われているか気になる
・友だちに嫌われたのではないかと気になることがある
・自分を出した後に周りがどう思ったのか心配になる

承認欲求の高さ

・周りは自分のことを気にかけてくれていないと思うことがある
・最近、だれも自分のことを認めてくれていない
・自分はだれからも必要とされていないのではないかと思うことがある

「社会的コンピテンスの不足」は、コミュニケーションスキルの不足と対人問題解

決スキルの不足によって測定される。具体的には、つぎのようなスキル不足があるかどうかをチェックする。

コミュニケーションスキルの不足

・相手の問いかけにどう答えたら良いかわからないことがある
・集団でいるときに友だちの話についていけないと感じることがある
・自分の思いを言葉に出して言うことは難しい

対人問題解決スキルの不足

・何か問題が起きてもどう対応したら良いかわからない
・問題が起きるとパニックになり冷静に考えることができない
・友だちとけんかしたときどうしたら良いかわからない

この心理尺度の検討を行った鈴木は、社会的コンピテンスの不足が被受容感の乏しさに影響し、被受容感の乏しさが不適応徴候に影響していることを見出している。

つまり、コミュニケーションスキルなどの社会的コンピテンスが乏しいと、周囲から受け入れられていないといった感覚に苛まれやすく、それが情緒面や行動・身体面の不適応徴候につながりやすい、ということである。さらにそうした徴候が不登校傾向と関係しているのだった。

不登校の要因として、学校の人間関係だけでなく勉強面が関係していることも多いが、学校での勉強のストレスがあっても、友だち関係が良好であれば、レジリエンスが高まり、耐えられるものになりやすい。

元々性格的に対人関係に気をつかいすぎるなど、対人不安が強い場合、勉強だけでなく友だち関係もストレスになりやすい。

その意味でも、コミュニケーションスキルの向上や対人不安心理の緩和が不登校の予防につながっていくと思われる。

自己コントロール力を鍛える

学校に行かなければと思いながらも行けなくて悩む場合も、何となく学校に行く気になれないという場合も、自分の気持ちや行動を思うようにコントロールできないということがあるのではないか。とくに悩むタイプの不登校の場合は、自分の気持ちや行動をコントロールできないことから自己嫌悪に陥ることもある。

こうしなければと思うのになかなかできなかったり、これをやらなければと思うのにやる気になれなかったりというのは、だれにもあることである。

でも、宿題をやらないとと思っても、好きなサッカーの試合のテレビ中継があるとみてしまい、つい宿題をせずに寝てしまうとか、部活でなかなかレギュラーになれず、出なければと思うのに、やる気になれず帰宅してしまうというようなことがあると、そのときは楽しかったり楽だったりしても、後味の悪い感じになる。

そのように自己コントロール力が乏しいと、「あのときああすればよかった」「なんでサボっちゃったんだろう」などと、さまざまな場面で自己嫌悪に苛まれることになってしまう。

実際、第2章で紹介したように、多くの心理学的研究によって、子ども時代の自己コントロール力によって、その後の学業成績や人間関係の良好さ、問題行動や抑うつなどの病的傾向、失業などを予測できることが確認されている。自己コントロール力の一種とみなすことのできる感情コントロール力に関しても、それが高い方が、葛藤場面で自分自身や他者の感情を考慮した解決策を思いつく可能性が高いことが示されている。

不登校の場合も、そのような自己コントロール力が十分に育っていないことが関係している場合が多いのではないか。

たとえば、学校に行かなければと思うのに行く気になれない。朝起きなければと思うのに起きられない。宿題をやらなければと思うのに、何となくやる気が出ない。そんなことの積み重ねが不登校傾向につながることもある。

ゆえに、自分の気持ちや行動を適切にコントロールできるようにしないといけないのだが、長年にわたる性格形成の影響があるので、すぐに自己コントロール力を高めるのも難しい。

そこで、スモールステップで「こうしなければ」「こうしたい」という気持ちを行動につなげる訓練を、自分の意思で実行していくことができそうなら、試してみるのがよいだろう。

たとえば、始業時間に間に合いそうになくても、とりあえず行ってみる。疲れたら早退してもいいから、とりあえず登校してみる。授業に出られそうになくても、学校の前まで行ってみる。好きなテレビ番組があっても、宿題をやってからみるようにする。宿題をすべてやる余裕がない場合も、少しでもいいからやってみる。ゲームやインターネットをダラダラ続けないで、時間制限をしてみる。体調が悪いことが続いて部活を休みがちでも、とりあえず見学という形で部活に顔を出してみる。そんなふうに焦らずに少しずつ実行していくのがコツである。

対人不安について知っておく

対人不安とは、第２章で解説したように、人と一緒にいるときに感じる不安、あるいはこれから人と会うと思ったときに感じる不安のことであった。

現実に友だちづき合いがあまりない場合も、友だちとはうまくつき合っているという場合も、だれもが心の中では対人関係に不安を抱えているものである。

あれこれと気をつかいすぎて、友だちと一緒にいても心から楽しむことができない。初対面の相手と話すときに気をつかって疲れるのはわかるが、友だちと話していても疲れる自分はおかしいのではないか。そんな悩みを抱えて相談に来る者もいる。

「友だちといると、ふつうは楽しいんですよね。でも、僕は楽しいっていうより疲れる。僕の言ったことや態度で友だちを不快にさせていないか、いちいち考えながら発言したり行動したりしているから、疲れちゃうんです。だから、家に帰ると疲れが出て、しばらく動けなくなります。なぜ自分は友だちと話すのにこんなにも神経をすり減らすのか。こんなに気をつかっているのに、なぜ親しい友だちができないのか。やっぱり僕はどこかおかしいんじゃないか。最近そんな思いが強くて、友だちづき合いがぎくしゃくしてきて、どうしたらいいかわからなくなって……」

でも、考えてみれば、相手の反応に一喜一憂したり、相手の反応が気になって気が休まらなかったりするのは、多かれ少なかれだれもが経験することであって、とくに異常なわけではない。友だちづき合いを楽しんでいる者でも、相手の反応は気になるものだ。

友だちが傷つかないように言葉を選ぶ。友だちの反応をみて、気分を害していそうだったら、フォローする言葉を添えるようにする。友だちがつまらなそうな様子だったら、話題を替える。沈黙が続くと気まずいので、何か話さなければといったプレッシャーがかかる。そうしたことは、人づき合いをするうえで欠かせない配慮によるものであって、けっしておかしなことではない。

問題なのは、それが行きすぎて友だちづき合いを楽しめないことである。気をつかいすぎて、何を話したらよいかわからなくなってしまう。神経をすり減らすため、人づき合いを避けるようになってしまう。そんなことにならないようにするには、対人不安とはどういうものなのか、どうしたら少しでも軽減できるのかを知ることが大切である。

対人不安が強い人にありがちなのは、ふたりっきりならまだよいのだが、相手が複数いる場が苦手というものだ。大勢の場では気疲れして、楽しいはずの飲み会でさえも全然楽しめなかったりする。

だが、これも度が過ぎなければとくに問題ではなく、だれもが抱える心理といえる。なぜなら、多くの日本人は相手に合わせる習性を身につけているからだ。相手が傷つくような話題は避けたい。できるだけ相手の期待を裏切りたくない。そんな思いを抱えて人づき合いをしている。

相手によって感受性も違えば、価値観も違う。それによって、どんな話題がコンプレックスに触れるかも違うし、どんな話題を好むかも違う。そのため、相手が複数の場合は、それぞれの人物の反応を注視しながら自分の言動を調整していかなければならないため、非常に神経をつかうのだ。

そういった意味での気づかいはだれもがしている。ただし、対人不安の強いタイプは、相手の反応を気にしつつも、それをうまく読み取る自信がない。そのため場違いな自分を出し、気まずい感じになってしまう。そんな経験をしばしばしているために、相手が複数いる場では非常に気疲れするのだろう。

対人不安の強い人は、自己モニタリングがうまく機能していない。自己モニタリングとは、自分の言動とそれに対する周囲の反応をモニターすることである。自己モニタリングがうまく機能していれば、自分の言動が不適切にならないように調整することができる。

対人不安の強い人は、相手の反応を人一倍気にする。それは、自己モニタリングが強く働いていることを意味する。その意味では、人からどうみられるかを気にする対人不安は、それが度を超さなければ、適応的な心理メカニズムとみなすこともできる。

ただし、何事にも程度の問題がある。対人不安が強すぎると、自己モニタリングが強くなりすぎて、非常に窮屈なことになる。人の目に自分がどのように映るかが気になりすぎて、絶えずモニター画面に自分の姿を映し出してチェックせずにはいられない。

いわば監視カメラを絶えず意識しすぎるため、自分が何か言ったりしたりするたびに、自分の言葉や行動が適切だったかどうかが気になり、周囲の反応ばかり窺うようになって、気持ちが萎縮し、ぎこちなくなり疲れてしまう。

それによって対人不安がさらに強まる。対人不安が強いから自分の言動が不適切なのではないかと気になり、自己モニタリングが強まる。ここに強すぎる自己モニタリングと対人不安の相互作用による悪循環が生じる。

学校の友だち関係のストレスというと、すぐにいじめを連想する人がいる。しかし、人間関係のストレスは、いじめがなくても重くのしかかってくるものである。大人でも、職場の人間関係のストレスに苦しむことがあるだろうし、それはいじめがなくてもよくあることのはずである。

対人不安が強く、友だちに気をつかいすぎるため、人づき合いが苦手で、それが高じて不登校気味になるということもあるので、対人不安はだれにでもあるものだし、それによって必要な気づかいもできるのだということを踏まえて、自分自身の対人不安とうまくつき合うようにしたい。

ストレス対処法を身につけることも大切

学校生活にストレスを感じることは、だれにでもあるのではないか。それでも何とか気持ちを切り替えて前向きに学校生活を続けていける人と、気持ちの切り替えがなかなかできずに嫌な気分を引きずってしまう人がいる。その違いのひとつに、ストレス対処がうまくできているかどうかということがある。そこで、ストレス反応の出やすい人と出にくい人の違いをみていくことにしたい。

（1）物事を多面的にみることで心にクッションをもつ

まずは認知的複雑性を高めることが大切である。認知的複雑性というのは、物事を単純に受け止めるか、複雑に受け止めるかということである。言い換えれば、物事を一面的にしかみることができないか、いろいろな角度から多面的にみることができるかということである。

認知的に単純な人は、ストレスの影響を受けやすいことがわかっている。物事を白黒つけたがる人、他人に対する評価がコロコロ変わる人は、認知の単純な人、つまり認知的複雑性の低い人といえる。

ストレス反応の出やすい人の特徴として、すぐに感情的になりやすい心理傾向がある。心の中にクッションをもたないのだ。

心の中にクッションがあれば、嫌なことがあって気持ちが揺れても、その揺れをクッションが吸収するため、ひどく落ち込んだりイライラしたりと感情的になることがない。

だが、心の中にクッションがないと、ちょっとでも嫌なことがあると、その衝撃で心に激震が走るため、すぐにパニックになり、大騒ぎしたり、攻撃的な反応をしたり、ひどく落ち込んだりすることになる。このように心の中にクッションをもたないことが、ストレス耐性の低さにつながっているのである。

では、どうして心の中にクッションがないのか。それは、認知が単純すぎるからである。物事を複雑にみることができない、いわば多面的にみることができないことが、クッションの欠如につながっている。物事を多面的にみる習慣がないため、一度悲観的な思いに駆られると、ほかの見方ができなくなり、行き詰まってしまうのである。

日々の生活の中では、良いことも起これば嫌なことも起こるものである。認知的複雑性の低い人は、良いことがあれば有頂天になり、嫌なことがあれば沈み込み、気分の浮き沈みが激しい傾向がみられる。人から嫌なことを言われたりすると、ひどく傷つき怒ったり落ち込んだりする。ちょっとしたことで気分がガラッと変わる。

一方、認知的複雑性の高い人は、日々の気分の変動が少ないことがさまざまなデータで裏づけられている。いちいち一喜一憂しない冷静さは、物事を多面的にみることができることと関係している。人から嫌味を言われても、あまり感情的になることなく、「何か嫌なことがあってイライラしてるのかな」「うっかりコンプレックスを刺激しちゃったかな」などと軽く受け流すことができる。

このように認知の複雑さがストレスに対する抵抗力に関係しているのである。

自分の特徴をたくさんあげることのできる人は、ストレスに強く、落ち込んだりうつになったりしにくいばかりでなく、風邪も引きにくいことがわかっている。認知的複雑さがクッションになり、嫌なことによる衝撃を和らげるのだ。そのために日々のストレスの蓄積が少なく、免疫力が高いため、ウイルスが侵入しても発病しにくい。ゆえに、自分自身に限らず、物事を多面的にみるように心がけることが大切といえる。

（2）ユーモアや笑いで気持ちに余裕が生まれる

笑うことで自然治癒力が高まることが科学的に証明されているが、それは心の免疫力の向上にもつながると考えられる。

ユーモアによって一歩引いて物事をみてみると、ストレスフルに思えていた状況がそれほど脅威ではないと感じられるようになることがある。巻き込まれすぎていると気持ちの余裕を失いがちだが、一歩引くことで冷静に状況を眺めることができるようになる。一歩引くのに有効なのがユーモアだ。

自分が巻き込まれすぎて気持ちの余裕をなくしていると感じるときは、ユーモアを意識するのが効果的である。ユーモアによって自分や自分の置かれた状況を客観視できるようになると、どうにもならない切羽詰まった感じに思えた状況も、そこまで悲観するほどのものではないように思えてきたりする。

ユーモアや笑いがストレスに対する免疫力を高めることは、多くの研究によって証明されている。

たとえば、ストレスホルモンのひとつにコルチゾールがあるが、落語を聞く前後で唾液中のコルチゾール値を測定した実験では、落語を聞いた後でその値が低下していることが確認されている。アトピー性皮膚炎の患者にチャップリンのコメディを見せる実験でも、アレルギー反応が低下することが示されている。

笑いによって自然治癒力が高まり、風邪などのウイルス性疾患の罹患率が低下することもわかっているが、免疫機能において重要な働きをするNK細胞が、笑いによって活性化することが、多くの研究で証明されている。

たとえば、談笑しながら寿司を食べるという実験でも、その前後に採取した血液を比較検討した結果、NK細胞が活性化し、コルチゾール値は低下していることが示されている。笑うことがガン患者の気持ちを前向きにし、NK細胞を活性化させて免疫機能を向上させることも示唆されている。

脳科学の領域でも、笑うことで大脳基底核が刺激され、神経伝達物質ドーパミンが放出され、NK細胞が活性化されるのではないかとみなされている。

笑いは唾液中の免疫グロブリン抗体の濃度を上昇させ、免疫機能を活性化することも示されている。

(3)ソーシャルサポートに頼る

苦しいとき、不安なとき、迷うとき、悩むときなどは、ひとりで抱え込まずに、人に頼ることも必要である。人に相談することで視野が広がり解決策が見えてくるというように実質的な効果が得られる場合もあるが、頼れる人がいる、話を聞いてくれる人がいるというだけで、ストレス耐性が高まるということもある。

助けになるような人間関係をソーシャルサポートというが、ソーシャルサポートにはストレスの影響を緩和する効果があることは、多くの研究によって証明されている。

たとえば、ガン患者を対象にした研究において、週に1回、1年間、闘病についての気持ちを語り合ったり、病気への対処法について話し合ったりした人たちは、そのようなことをしなかった人と比べて、心理的苦痛が軽減され、軽度の痛みが改善され、平均生存期間も長いことが示されている。

糖尿病患者についての研究でも、ソーシャルサポートのネットワークが乏しい患者ほど、病気を克服しようという意欲が乏しく、健康維持のための対処行動を取ることが少ないことが見出されている。

ソーシャルサポートの少ない人ほど、風邪にかかる率が高いことも示されている。

ソーシャルサポートには、道具的サポートと情緒的サポートがある。

道具的サポートとは、ストレスとなっている問題を解決するための方法をアドバイスしたり、必要な情報を提供したりすることである。

情緒的サポートとは、直接の問題解決には役立てなくても、話を聞いてあげたり、共感したり、励ましたりすることである。親身になって話を聞いてもらうだけでも気持ちが軽くなるので、情緒的サポートも非常に重要といえる。ストレスにさらされた場合も、その経験や気持ちを友だちに話すことができればネガティブな気分が緩和されることが確認されている。

道具的サポートは先生や親などの大人に頼るとして、情緒的サポートになる友だち、つまり気になることを率直に話せる友だちをもつようにしたい。

（4）自己開示がストレスを緩和する

言いたいことを言えなかったり、苦しい胸の内をだれにも話せなかったりすると、ストレスが溜まるものである。そこで有効なのは、自己開示できる人間関係をもつことだ。自己開示とは、自分の思いを率直に語ることである。

自己開示には、カタルシス効果や自己明確化効果がある。

胸の内に溜め込んだ思いを吐き出すと気持ちがスッキリするが、それがカタルシス効果である。腹が立つことがあったり、悔しいことがあったりするとき、だれかに話すとスッキリする。悩み事がストレスになっているときも、たとえ解決策が見つからなくても、悩みをだれかに話すことで気持ちが少し楽になる。

また、自分の思いを人に話しているうちに自分の中のモヤモヤがはっきりしてくることがある。心の中に渦巻いている自分の思いを率直に語ることで、自分が何にムシャクシャしているのか、何が不満なのか、何を苦痛に思っているのか、何を求めているのかが徐々に見えてきたりする。これが自己明確化効果である。

このように、自己開示できる場があるだけで、ストレスを緩和することができるので、率直に自己開示し合える人間関係をもつことは非常に大切である。これは、ソーシャルサポートの一種でもある。

自己開示できる相手がいればよいのだが、適当な相手がいないこともある。また、内容によっては、人には言いにくいことや、あまり言いたくないこともあるだろう。そのようなときに有効なのが筆記開示である。人に自己開示する代わりに、日記のような個人的なノートに自分の思いを書き記すのだ。

たとえば、腹が立つこと、ムシャクシャする思い、気になっていること、不安なこと、悩んでいることなどを紙に書く。

自己開示に関する研究により、筆記による自己開示にもストレス緩和効果や自己明確化効果があることがわかっている。

心身に臨床的な問題を抱える人々を対象に行われた、筆記による自己開示の効果に関する多くの実験においても、筆記により自分の感情を自己開示することが症状を改善する効果をもつことが確認されている。

このように、自分の経験したことや、それをめぐる思いを書き記すことで、カタルシス効果が働いて気分がスッキリしたり、自己明確化効果によって感情に巻き込まれずに自分を冷静に見つめられるようになったりして、ストレスが緩和され、心の健康が保たれやすい。ゆえに、ソーシャルサポートになる人間関係がない場合は、自分の思いを書き記すことも大切である。

悩むのも悪くない

みんなが学校に通っているのに自分は学校に行っていないということで、「このままで大丈夫だろうか」「まずいのではないか」と不安になるのも当然である。

そこで、学校に行かなくてはと思うものの、学校に行こうとするとお腹が痛くなったり、行く気力が湧いてこなかったり、そんな自分に自己嫌悪を感じたりする。

学校に行っても、勉強で後《おく》れを取っており、授業についていけないのではないかといった不安もあるだろう。友だちからどんな目でみられるだろう、友だちからなんで休んでいたのかと聞かれたら何て答えようか、などと考えているうちに憂うつになる。

そのように心の中にいろいろな思いが渦巻き、不安でいっぱいになる。あまり考え込みすぎても苦しいが、気晴らしでごまかしてばかりでも、なかなか前に進めない。心の中に渦巻いている思いに目を向けて、モヤモヤした気持ちを少しでも言語化すべく、じっくり悩むのもよいのではないか。

学校に行けないこと、行ってないことで悩んでいる自分をめぐって、心の中に渦巻く思いを見つめてみるのである。悩むというのは、「より良い自分」「より納得のいく自分のあり方」を求めている証《あかし》でもある。どうでもよいという思いで学校を休んでいるなら悩んだりしない。悩むのは向上心がある証拠といえる。むしろ生きていて悩むことがない方が、あまりに安易すぎるのではないか。

人生の不条理は多くの人が感じるものだ。挫折のない人生などない。人生は修行の場だ、苦しめば苦しむだけ心は鍛えられ強い人間になれる、悩めば悩むほど思索は深まり味わい深い人間になれる。そう考えれば少しは気持ちも楽になる。そんな思いで過ごしていた若い頃に出会ったのが、実存分析の創始者である精神科医フランクルの『苦悩の存在論』であった。

ふつうは心理療法の目的は、悩む人の悩みを、苦しむ人の苦しみを取り除く、あるいは軽減することである。ところが、フランクルは、悩み苦しむことをせずに安穏と暮らしている人を脅して悩み苦しむ存在にすることも心理療法の目的だという。これは非常に新鮮であり、むなしさに包まれ、日々の生活の無意味感に苛まれていた私は、大いに勇気づけられたものだった。

悩み苦しんでいる人からすれば、何の悩みもなく、呑気に暮らしている人は羨ましいかもしれない。だが、自分の現状に疑問を抱くことなく、安易な安らぎに甘んじていることこそ不健康であり望ましくないのだと思えば、悩んでいる自分の方が健康だということになるので、気持ちが楽になる。

さらにフランクルは、苦悩することによって人生を意味のあるものにすることができるという。


私たちはさまざまなやりかたで、人生を意味のあるものにできます。活動することによって、また愛することによって、そして最後に苦悩することによってです。

（前略）困難に対してどのような態度をとるかということのうちに、その人本来のものが現われ、また、意味のある人生が実現されるのです。（中略）スポーツ選手がすることといえば、困難によって成長するために困難を造りだすことにほかならないではありませんか。

（フランクル、山田邦男・松田美佳訳『それでも人生にイエスと言う』春秋社）

悩み苦しむことはストレスになり、心身ともにきつい。だから、気分転換したり、気晴らしをしたりして、ストレス反応を軽減することも大切になる。だが、いくらストレス対処によりストレス反応を軽減したところで、苦悩から解放されるわけではない。

でも、悩まなければならないこと、苦しまなければならないことにぶち当たり、思い切り悩み苦しむ中で、自分が鍛えられていくのである。

苦悩の中で、私たちは成長し、成熟していく。人間は苦悩する存在である。苦悩するというのは、生きている証でもある。そう考えれば、前向きに苦悩することができるようになるのではないだろうか。

無気力になっていないか

かつては不登校というと、学校に行かなければと思うのに行けないといった神経症的なタイプが多く、いわば葛藤を抱え悩むイメージがあったが、今は学校に行かないことをめぐる葛藤もあまりみられず明るい不登校が目立つ、との指摘が多いのはこれまでに述べてきた通りである。

文部科学省による「令和4年度 児童生徒の問題行動・不登校等生徒指導上の諸課題に関する調査」の結果をみても、不登校の要因として、圧倒的に高い比率となっているのが「無気力、不安」である。小学生の不登校の50・9%、中学生の不登校の52・2%が無気力や不安によるものとされている。

そこで、無気力型不登校の生徒が増加傾向にあるとされる。そのようなタイプの不登校にはどのような特徴がみられるのだろうか。

心理学者の桂川泰典たちは、無気力傾向を測定する中学生用アパシー傾向尺度を作成している。アパシーとは無気力状態を意味する概念である。

その心理尺度は、気力の低下、他者への同化、対人交流の回避、将来展望のなさという4つの因子で構成されている。わかりやすいように各因子の主な項目を例示すると、以下の通りである（元木咲葵・桂川泰典・飯島有哉「中学生用アパシー傾向尺度の作成と信頼性・妥当性の検討」『パーソナリティ研究』第32巻第1号所収より抽出）。

気力の低下

・時間がただ過ぎていくという感じがする
・いろんなことがめんどうになることが多い
・毎日をなんとなくむだに過ごしている

他者への同化
・自分で考えるより人の決めたことに従う方が楽だ
・一度決めたことでも人から言われると決心が変わりやすい
・人からのひはんがとても気になる

対人交流の回避
・ひとりでいる方がほっとする
・友だちとかかわるのがめんどうくさい

将来展望のなさ
・自分が本当に何をやりたいのかわからない
・自分が将来何をやりたいのかわからない

桂川たちの調査により、このような傾向があるほど登校回避傾向があり、実際に欠席日数が多いことが示されている。

不登校状態にある、あるいは不登校気味である自分の現状について、葛藤を感じ、どうしたらいいか悩んでいるのなら、専門家に相談したり何らかの支援を受けたりすることもできるが、悩む気力もないとなると、相談や支援につながらない。そこが無気力型不登校への対応の難しいところといえる。

かかわりをもつことも大切

不登校は自分を見つめる時間であり、何も考えずに学校に通っている子よりも自分らしい人生を模索している、というような論調を目にすることがある。本章のはじめの方でも、立ち止まって考えるのもけっして悪いことではないと述べた。

何の疑問ももたずに惰性で日常に流されているよりも、これでいいのか、どうしたらもっと自分が納得できる生き方になるのか、などと疑問をもって悩む方が、主体的に生きているといえるかもしれない。

だが、閉じこもってただ自分を見つめているだけで自分が見えてくるだろうか、自分らしい生き方が見えてくるだろうか。第3章で指摘したように、自分自身の特徴は、他者とのかかわりの中で見えてくることが多い。

たとえば、同級生たちと比べて、「自分とは考え方が違うな」「自分とは感受性が違うな」と自他の違いを感じるとき、改めて自分の考え方や感じ方の特徴に気づく。同級生たちと一緒に話したり行動したりしているときに、「あんなふうに場を盛り上げるしゃべりは無理だなぁ」「ああいうふうに気軽になれたら楽だろうな」「ああいう無神経なのは嫌だなぁ」「こういう集まりの場って、何だか苦手だな」などと思うとき、改めて自分の特徴を意識することになる。

また、友だちとの語り合いの場が自分への洞察を深め、自己形成を促すことになる。第3章でも自己開示について触れたが、自分の思っていることや考えていることを人に語ることによって、自分の思いや考えがはっきりつかめるようになるということがある。それが自己開示の自己明確化効果である。

たとえば、映画をみて「良い映画だったなぁ」としみじみ感じたとする。友だちから「どうだった?」と尋ねられ、「良い映画だったよ」と答えた際に、「どんなふうに良かったの？」と重ねて尋ねられると、どう説明したらよいか、すぐには答えられないことが多いのではないか。

良い映画だと感じたのは事実だし、ほんとうに感動したとしても、私たちはどのように良かったのか、どのように感動したのかをいちいち言語化しているわけではない。ゆえに、人に語る機会がないと、どのように良かったのか、どのように感動したのかは、モヤモヤに包まれたままとなる。

でも、人に語るとなれば、そのモヤモヤを言語化しなければならない。そうでないと語れない。そこで、自分の内面を振り返り、自分が何を思ったのか、何を感じたのか、何を考えたのかを何とかしてつかもうとする。それによってどのように良かったのか、どのように感動したのかが見えてくる。

このように人に自分の思いや考えを語ろうとすることで、自分の思いや考えがはっきりとした形をとってくる。

不登校中にあれこれ考えることはとても大切だが、できたら人に自分の思っていることや考えていることを語る機会をもつようにしたい。それによって自分の内面が整理され、モヤモヤが晴れてくることがある。一気に晴れるわけではないが、何度も自分の思いや考えを語ることで、少しずつでも心の中が整理されてくるものである。

第5章　周囲はどのように対応すべきか

家族の戸惑い

不登校が急増していることはニュースなどで知識としては知っていても、あくまでも他人事としてであり、まさか自分の子が不登校になるとはだれも思っていないのではないか。ところが、自分の子が学校に行くのを渋るようになり、ある日突然学校に行かなくなり、わが子が不登校になったことを知り、大変なことになったと動揺する。不登校になった子の親の多くは、このような感じなのではないか。

前出の社会福祉学者である松木も、次男の不登校が始まったときのことについて、同論文の中で、つぎのように記述している。

この頃の私の認識は「まさかうちの子が、なぜ?」であった。社会福祉を学び研究する立場として、「不登校」について見聞きすることがなかったわけではないが、まさか自分の家族に降りかかるとは考えていなかった。おそらく妻も同じような思いだっただろう。夫婦二人して次男をなんとか学校に行かせることに必死になっていた。いまから思えば、「不登校の子どもにやってはいけない関わり方」を一通りやってしまっていた。
例えば、手を引っ張って校門まで連れていく、毎朝のように叱責する、そして正直に書くが手を上げたこともあった。もし自分の友人がこのような行動をとっていたなら、当時の私でも「もう少し自分の子どもに寄り添ったら」などと役にも立たない助言をしていただろう。理屈ではわかっているが、あるべき対応ができず感情に揺さぶられてしまう。これは自分でもショックであった。厳しい対応をしては自己嫌悪にさいなまれるという、親としてもつらい時期であった。

（前掲、松木「『不登校』と生きる」）

わが子が不登校になったときの家族の戸惑いは、第三者には想像を絶するものがある。「まさかうちの子が、なぜ？」というのは、不登校の子の親がまず最初に思うことなのではないか。

そして、何とかして登校させようと試みてはなかなかうまくいかずに焦る、ときに強引な手法を使ってでは自己嫌悪に陥るというのも、不登校の子の親にみられがちな心理状況なのではないだろうか。不登校という現象を他人事としてみているときには冷静に考えられても、いざ自分事となると冷静ではいられないものである。

やがて不登校が常態化していく過程で徐々に冷静さを取り戻していくものの、「うちの子はどうしちゃったんだろう」「こんな状態がいつまで続くんだろう」「何とか登校させられないものか」といった不安や焦りが消えることはない。

先の「先輩ママたちが運営する不登校の道案内サイト『未来地図』」では、不登校または元不登校の子どもの保護者を対象とした調査を2021年に実施しているが、その中に、子どもの不登校により保護者の方が困っていることについての質問がある。

その回答をみると、回答者の約6割が「子どもの体調不良や精神的不調」を選択し、「学校とのやりとり」を選んだ人が5割を大きく上回り、「自身の体調不良や精神的不調」「相談先が見つけにくい」を選んだ人が約5割となっている。

また、自由記述には、「「学校」を意識するだけで、頭痛、腹痛、じんましん、過呼吸と体調不良があり心配」「不登校当初は、私は学校への連絡が苦痛であり、部屋に籠る子供の命が心配だった。妹は学校に行かない兄を軽蔑するようになった。昼夜逆転なので仕事の日は顔も合わさず家を出て不安な思いだった」「自傷行為を経て、やっと学校へ１週間の内３〜４日行けるようになりましたが、欠席日の課題が重なり、先生方に謝りながら毎日課題を提出して、体力もないのでますます体調が悪くなり、疲れてしまい、また不登校に」「不登校の子供を持った方の経験談を聞きたかった。初めての経験でどうしてあげたら良いのかわからなかったから」などといった思いが綴られていた。

子どもの体調や精神的不調を心配するとともに、家族関係にも混乱が生じ、どう対処したらよいか戸惑い、どこかに相談したいのに相談先が見つからず困っている人が多いようである。真っ先に相談すべきは学校の先生だろうが、学校とのやり取りにも気疲れし、困っている人も多いことがわかる。

初期の対応について

一般に、はじめのうちは身体症状ばかりが意識され、本人も家族も不登校という認識がないことも多い。

前出の不登校の研究者でもある小児科医の村上は、不登校の初期の対応について、つぎのように述べている。

> 不登校は早期の段階では、身体症状を繰り返し訴え、小児科外来を受診している。その状態においては患者も自分が不登校傾向にあるとの自覚がない場合が多い。腹痛、頭痛などを繰り返し訴え、とくに朝に症状が強い場合が多い。（中略）検査上の異常がないために症状は精神的なものと解釈され、精神科受診を勧められるが、患者および家族にはその認識がないため、受診には結びつかないことが多く、行き場を失ってしまう場合も少なくない。このような状況で症状が続くと、結局登校できないため、孤立したまま不登校に結びついてい

くことも少なくない。

（前掲、村上「不登校の入り口でできること」以下同）

当初は医師も患者も身体の病気と思って診察しているが、両者とも気づかないうちに不登校の子が受診していることを医師が自覚することになるという。

複数の症状を訴えて受診した患者のうち、症状の程度や場所が移動しやすい、症状が多彩である、訴えのわりに重症感が少ない、理学的所見と症状が合わない場合などは、不登校が背景にある可能性がある。

ただし、患者に自分が不登校だという自覚がない場合が多いため、「いきなり不登校傾向として話を進めようとすると、患者との信頼関係が構築できない」し、「患者はあくまでも身体症状の遷延化に苦しんでいるので、それに向き合っていくことが不登校の治療の第１歩」であるとし、「患者は症状が継続し困っているので、その気持ちに寄り添うことが大切」であり、「患者の気持ち（苦しみ）に理解を示しつつ症状に対して対症療法を行う」ことで信頼関係が得られ、「症状が軽快することにより、不登校傾向も消失する場合もある」という。

身体症状を訴えて訪れる患者のうち、不登校傾向が疑わしい者にみられがちな疾患として、起立性調節障害、過敏性腸症候群、慢性頭痛など、いわゆる心身症として扱われるものがあげられるという。

小児科医の武井智昭は、不登校を主訴に小児科を訪れる患者のうち、起立性調節障害と診断されるのは30から40％（日本小児心身医学会２０２1年より）であるという。起立性調節障害の症状については、立ちくらみ、朝起きられない、倦怠感、動悸、頭痛、長時間の起立時の失神などの多彩な症状を伴い、思春期に好発する自律神経機能の不全のひとつであり、症状は午前中に強く、午後には軽減する傾向があるため、夕方から夜になると元気になることが多く、それで昼夜逆転となり、睡眠障害となり、朝の起床がより困難になるという。

初期対応がとても重要になる

不登校に関しては初期対応が非常に重要との指摘が多い。なぜなら不登校状態が続くと、再登校のハードルが高くなってしまうからである。

学校を休み、家で過ごす日が続くと、行っていないことによる挫折感や罪悪感が強まるとともに、友だちから理由を聞かれたらどう答えればよいかといった不安、授業についていけないのではという不安も強まり、再登校することに対する心理的抵抗感が強まりがちとなる。

前出の田嶌は、欠席したときは担任の教師やスクールカウンセラーの家庭訪問や同級生が迎えに行くなどの対応が効果をもつことがあるとする。また、家庭でも、本人が連続して休まないように、また極力3日続けて休むことがないように登校を促すことが大事だという。そして、初期対応の重要性について、つぎのように指摘する。

不登校にはさまざまなタイプがあるが、どのようなタイプの不登校であれ、私は不登校への対応は初期対応が大切であり、また「不登校は最初の1週間が重要」であると考えている。この時期には極力3日以上連続して休ませないように配慮することが大事である。一定期間連続して休むと、再度登校するためには相当なエネルギーが必要であるため、容易に長期化しやすいからである。

（前掲、田嶌「不登校の心理臨床の基本的視点」）

それにもかかわらず、「そっとしておいた方がいい」という考え方が全国的に広まっており、それが逆効果の対応を生んでいるケースも少なくないという。ただし、一部の教師による強引な家庭訪問の弊害もみられるので、強引にならない形での家庭訪問をしてもらうことが大事であるとする。

たびたび引用する文部科学省が実施した「不登校児童生徒の実態把握に関する調査」では、小学校4年生以前にも1年間に30日以上欠席したことがある小学6年生が54・3%、小学生のときにも1年間に30日以上欠席したことがある中学2年生が

47・3％となっている。

つまり、小学５年生時に不登校であった小学６年生も、中学１年生時に不登校であった中学２年生も、それ以前に約半数が年間30日以上学校を休んだことがあったのである。

こうしたデータをみても、とくに理由もなく学校を休むことがあった場合は、「そっとしておく」のではなく、あまり強引にならないように気持ちに配慮しながらも、極力登校を促す働きかけをすることが、不登校の長期化を防ぐためには大切であるといってよいだろう。

不登校経験者の社会適応

不登校をとくに問題行動とみなすべきではないとの２０１７年以降の文部科学省の見解は、不登校状態にある子どもやその家族にとって心強いものではあるが、できれば学校に通えるに越したことはない。

実際、学校に行く意味がないとする主体的な不登校は別として、多くの不登校経験者は不登校経験をけっして好ましいものとは受け止めていないし、不登校経験によってネガティブな影響を受けているようである。

心理学者の金子恵美子と伊藤美奈子は、通信制高校生を対象として、不登校経験者の高校生活満足度と高校卒業後の適応（進学先・就職先を辞めたいと思った経験）についての調査を行っている。

その結果、不登校経験の有無によって高校生活への満足度が異なり、不登校経験者の方が満足度が低いことが示された。

さらに、高校卒業後の適応に関しても不登校経験の有無により差がみられ、進学先や就職先を辞めたいと思ったり実際に辞めた者の比率が、不登校経験者の方がはるかに高いことも示された。

このようなデータは、不登校経験はその後の学校や職場への適応に対してネガティブな影響を及ぼすことを示唆している。

心理学者の笠井孝久たちは、不登校経験のある子どもたちのフォローアップ活動を通して、不登校経験者にはつぎのような特徴があるように感じたという。

①新しいことに取り組むということの難しさ。不登校経験のある子どもたちの中に、ある種の活動を行うに際し「何かをしたい」という気持ちはあっても、自ら行動しようとする力が弱かったり、自分が活動を行う前に諦めたり、尻込みをしてしまったりということが多い。つまり、「取り組む」ということに対する自信のなさが強く感じられた。

②不登校経験のある子どもや青年たちの進路の不安定さが目立つ。義務教育終了後、通信制高校やサポート校への進学を果たしても、通うことが難しくなっていたり、アルバイトも続かなかったりしている子どもたちが少なくない。高校から先の進路についても、就職先が安定せず、どこにも所属せずに過ごしている青年たちも少なくない。

このように、不登校経験者には、不登校から抜け出した後も、日常生活の中で何らかの不適応感を抱えていたり、自分の居場所をもてずにいたりすることが多いようである。

こうしたことからしても、不登校が常態化する前の初期対応がとても大切といえそうである。

不登校からひきこもりへの移行が懸念される

不登校への対応において、不登校を問題行動とみなさず、必ずしも登校することを目標にしないとする2017年以降の文科省の姿勢は、登校にこだわらずに何とかして不登校の子どもたちにも教育の機会を確保したいとの方針と思われる。だが、登校を目標としないというところが曲解され、学校に行かなくてもいいのだということになると、不登校の常態化が促進されてしまう恐れがある。

そこで連想されるのが、第3章で触れた、ひきこもりの増加問題である。

ひきこもりの増加も大きな社会問題となっているが、内閣府が2022年に実施した「子ども・若者の意識と生活に関する調査」によれば、15歳から64歳のひきこもり状態にある人は約146万人と推計されるとのことである。

不登校が必ずしもひきこもりにつながっていくわけではないにしても、不登校の増加傾向とひきこもりの増加傾向が同時に進行していることからして、両者が無縁とは考えにくい。

前項でも不登校経験者がその後の社会適応に苦労する傾向がみられることを確認したが、学校や職場に適応できないことがひきこもりにつながっていくのは、十分にあり得ることである。

前出の滝川も、不登校に際して「登校刺激を避ける」という方針が広まり、社会全体が子どもの登校に昔ほどこだわらなくなってきているといった風潮を踏まえつつも、ひきこもりとの関連で、家から出ないことの問題性を無視できなくなってきたことを指摘している。

（前略）「ひきこもり」のクローズアップとの関連において（中略）「学校へ行かないこと」はともかく、「家から出ないこと」の心理・社会的な問題性を無視できないことが明らかになった。さらに、対人恐怖や不安神経症とのつながり、パーソナリティの未熟さが〈不登校〉をもたらし〈不登校〉がさらに社会的な成熟の機会を失わせる悪循環など、「教育問題」では片づかない諸問題が〈不登校〉の陰に少なからず潜在しうる事実に臨床家は立ち戻って今日にある。

（前掲、滝川「不登校理解の基礎」）

前出の山田と宮下も、学校を休むことに対する抵抗感が減り、不登校の背景にある問題について慎重に検討することをせず、「ただ登校刺激を避けたり、フリースクールや適応指導教室を安易に選択したりしてしまう事例も少なくない」とし、そうすることの問題点をつぎのように指摘している。

課題や目標がはっきりしないまま、子どもを葛藤のない環境に慣れさせてしまうことは、不登校を必要以上に長期化させ、子どもの社会性構築の機会を逸することになり、引いてはその後の社会的自立や適応の遅れにもつながりかねないことが憂慮される。

（山田裕子・宮下一博「不登校生徒支援における長期目標としての自立とその過程で生じる葛藤の重要性の検討」『千葉大学教育学部研究紀要』第56巻所収）

このようにみてくると、再三指摘しているように、学校に登校できるようになることにこだわらず、登校刺激を避けるということが、不登校への対応として広まっているが、そうした風潮に染まり、子どもが家にひきこもっていてもよいといった考えを安易にもたないように心がけたい。

現在の学校にさまざまな問題があることも事実ではあるが、学校が教育上理想的な状態にないということと子どもが家にひきこもっているということとは、切り離して考える必要があるだろう。

人間関係を経験する場をもてるような配慮が必要

第３章において、学校は人間関係に揉まれる場としての意味もあることを指摘した。

ここで少し整理すると、２０１６年に文部科学省により公布された「義務教育の段階における普通教育に相当する教育の機会の確保等に関する法律」に則って不登校の児童生徒の教育機会の確保を推進すべく、２０１７年に「義務教育の段階における普通教育に相当する教育の機会の確保等に関する基本指針」が公表された。

その方針において、「不登校というだけで問題行動であると受け取られないよう配慮」する必要があり、「登校という結果のみを目標」とせずに対応すべきであるとされたことで、無理をして学校に行く必要もないと考える人が増えたとされる。そして、不登校に際して「登校刺激を避ける」という考え方も、よりいっそう広まった感がある。

だが、前項でみてきたように、「学校に行かなくてもいい」と安易に考えるのも危険である。不登校を経験しても、その後社会に出てちゃんと社会人として過ごしている人がたくさんいるのは事実である。でも、だからといって不登校のままでいいということにはならない。前項で指摘したように、不登校の延長上でひきこもりが続き、苦しい思いを抱えている人も少なくない。

さらにいえば、勉強は学校に行かなくてもできるが、学校に通うことで勉強以外にもさまざまなことを学んでいることに目を向ける必要があるだろう。

最も大切なのは、人間関係に揉まれる経験をしたり、お互いの思いを率直に語り合える人間関係を経験したりすることではないか。

自分には自分の事情があり思いがあるのと同じく、相手には相手の事情があり思いがある。そうした他者とのかかわり合いのなかで、相互性を学んでいく。

日常的に友だちとかかわることで、なかなか思い通りにならない厳しい現実に触れ、人と折り合いをつけ、自分自身の思いと折り合いをつけることができるようになっていく。それは現実社会を生き抜いていくうえで、とても大切な学習機会になる。

また、親しい友だちができれば、その友だちとの率直な語り合いの中で自分の思いや考えが整理されていくということもある。

ゆえに、自宅にこもるのは極力避け、学校に通えるなら通うのがよいだろうし、学校に代わる場に通えるなら通うのがよいだろう。そこで他の生徒や教師、カウンセラーなどとかかわる機会をもつことは貴重な経験になるはずである。家で勉強さえしていればよいと決め込むのでなく、学びには人間関係の学びもあることに目を向けることも大切である。

学習機会の喪失は極力避けたい

怠学傾向の不登校は別として、学校に行かなければという思いのある不登校の子どもが抱えがちな心理として、勉強に後れが出てしまうという焦りや将来の進路に関する不安がある。

そうした勉強面や進路面の焦りや不安への対処としても、現実に将来の進路の幅を極力狭めない配慮としても、学習機会を得られないような状況は避けたい。

そうした意図もあって、文部科学省は2023年に「誰一人取り残されない学びの保障に向けた不登校対策について」という通知を発出した。そのための具体的プランとして「COCOLOプラン」を提示している。

そこでは、不登校児童生徒が学びたいと思ったときに学ぶことができる環境の整備が重要であるとされ、不登校特例校の設置、校内教育支援センターの設置、教育支援センターの支援機能等の強化、夜間中学の活用などがあげられた。

学校の授業を「わかる授業」へと改善する必要があるといった議論もあるが、学力やすでにもっている知識によって「わかる」「わからない」が大いに左右されることを考えると、これは大人数の一斉授業が原則の学校では不可能といわざるを得ない。

その意味でも、不登校への支援に限らず学校の多様化が求められているともいえる。とりわけ授業を長期欠席したり、休みがちだったりするために、授業についていけなくなっている不登校の子が学習を効果的に進めるためには、多様な学校の選択肢があるのが望ましい。こうした文部科学省の方針には、そのような意図があるのではないか。

不登校特例校とは、学校に行きづらい児童生徒のために、通常の学校より授業時間数が少ないなど、不登校の児童生徒の実態に配慮した特別の教育課程を編成して教育を実施する学校のことである。実際にはまだわずかしか設置されていないため、選択肢として考慮できる児童生徒は少ない。

２０２３年時点で、不登校特例校は全国に24校（公立14校、私立10校）しかない。24校のうち8校が東京都に集中しており、ほとんどの児童生徒にとって通うのは事実上不可能であろう。

そこで「ＣＯＣＯＬＯプラン」では、不登校特例校３００校の設置を目指し、設置事例や支援内容についての啓発を行うこととしている。さらには、不登校特例校という名称の変更を検討するとしている。

校内教育支援センターとは、教室に入りづらい児童生徒が、落ち着いた空間の中で、自分に合ったペースで、学習・生活できる環境を学校内に設置するものである。学校内の空き教室等を利用し、児童生徒のペースに合わせて相談に乗ったり、学習のサポートをしたりする。そうした場を オンラインで在籍するクラスとつなぎ、指導やテスト等も受けることができ、その結果が成績に反映されるようにするという。

インターネット支援のメリットとデメリット

ＩＣＴを活用した教育が行われるようになって、学校に行きにくい子も家にいながら教育を受けることができるようになった。不登校の子どもたちも、在宅のまま在籍校とつながることもできるし、不登校支援機関とつながることもできる。

そのことは不登校の子どもたちにとって大きなメリットといえるが、それに頼りすぎることによるリスクも考慮しておく必要がある。

勉強もオンラインのサポートを受けて進めることができ、何か困ることや悩むことがあればオンラインで相談することができるというのは、不登校の子にとってとても心強いはずである。

ただし、オンラインでのつながりですべてが完結してしまうとなると、現実社会との接触がないままに時が過ぎ、社会的に孤立したままになってしまう。それはひとつのリスクと心得ておく必要があるだろう。

不登校の子の支援策の一環でオンライン相談ができるような工夫をしている学校もあり、それは緊急避難的な意味で重要なことだと思うが、そこに安住するのではなく、いずれ学校や相談施設に出かけていけるようになったら対面状況を経験するように導くことも大切なのではないか。

学習支援に関しても、オンライン学習でだれもがうまくいくとも考えにくい。

たとえば、自己コントロール力が高く、自学自習でやっていける子はよいが、そもそも自己コントロール力が鍛えられていないために不登校気味になっている場合、集中力が続かなかったり、サボりたい誘惑に負けてしまったりといったことが起こるだろう。

学習自体にしても、成績不振者の場合はメタ認知機能、つまり自分の現状を振り返ってうまくいっているかどうか、何が足りないかを判断する心の習慣が確立されていないことが多く、たとえわからない点を質問できる制度が整っていても、何がわからないのかもわからないといったことになりがちである。

こうしてみると、オンラインの在宅学習だけで勉強ができるようになっていくとは考えにくい。

不登校ビジネスへの警戒心も必要

不登校の支援機関や施設には民間業者が運営しているものも非常に多い。ボランティアに頼り採算が取れるかどうかギリギリのところで運営されているものもあるが、なかには利潤追求を優先し、教育支援体制がずさんなものもみられるようである。

教育学者の福嶋尚子も、不登校の増加と相まって、通信制の学校やフリースクールなど、民間業者が不登校ビジネスを展開する事例が増えていることに対して、つぎのように警鐘を鳴らしている。

（前略）中には、まさに利益を上げるための「ビジネス」としてこうしたサービスを展開しているような業者の存在が見られる。不登校の子を取り込み、保護者の不安を煽り、自信を失わせる。そして、言葉巧みに、子どもや保護者の学校やその他の支援者に対する信頼の気持ちを低下させ、孤立させる。そうして、結局不登校ビジネスの利用を延々と継続させ、利用料を獲得するのである。

（福嶋尚子「不登校「支援」と「ビジネス」のはざま」『生活教育』№．８７４所収）

わが子が不登校状態にあり、不安でいっぱいの保護者は、藁《わら》をもつかむ思いで不登校支援機関や施設に頼るが、そこが支援という名のもとにビジネス重視の運営を行っている場合は、自立支援どころかずっと依存し続けるお客にさせられてしまう恐れもあるというわけだ。

そして、難しいのは、こうした利益重視の不登校ビジネスと、真に不登校の子の支援を行うことを目指している心ある不登校ビジネスとが、見た目にはなかなか判別がつかない、ということである。沼に陥ってもしばらく絡め捕られていることに気づかず、周囲の人間関係が崩れ、メンタルや健康が阻害され、自責の念が高まり、希死念慮に駆られたところで、やっと気づくような人もいるのだ。

このように、営利優先の不登校ビジネスと不登校の子どものためを重視する支援の区別がなかなかつきにくいという問題がある。ICTを利用した学習支援などの最先端の技術を売り物にされると、つい信用してしまいがちである。体験活動重視と聞いて、それは良いと思っても、実際に現場でどのように行われているのかわからなかったりする。

そのため、民間の支援に頼る際には、学校や公的機関の専門家に相談するなどして、慎重に判断する必要があるだろう。

頼れる相手を見つけ、親が気持ちを落ち着けること

わが子が不登校状態になると、どんな親でも慌てるものである。そして、一刻も早く学校に行かせなければと焦った対応をしがちである。だが、そのようなときは、まずはそうした事例を多く経験している学校の先生やスクールカウンセラー、教育支援センターなどの専門家に相談すべきだろう。

専門家によるアドバイスも頼りになるが、同じような思いをしたことがある不登校の子どもの親の経験もとても参考になる。

「先輩ママたちが運営する不登校の道案内サイト『未来地図』」では、不登校または元不登校の子どもの保護者を対象とした調査を２０２１年に実施しているが、その中で「今まで受けた支援や配慮で嬉しかったことや、改善されたこと」について

尋ねている。嬉しかった支援や配慮として、つぎのようなことがあげられている。

・別室で勉強のサポートをしていただけたこと。

・進路を考えるにあたり、一つ一つ丁寧に子供の意思確認をして、一緒に寄り添って考えてくれたので、親も焦らずしっかり向き合う事ができました。

・子どもがまた学校に行きたくなった時は、仲の良い子がいて少人数の支援クラスに行けるよう手配してくださって、今は安心してほぼ毎日通学するようになっている。

・不登校になる前の担任からは、クラスでパニックになり固まって動けない時すぐに他の居場所をつくってくれたり、親に確認を取ってから子供のいない時にクラスの子供達にうちの子供の特性を話して、どう対処したら良いかみんなに話してくれた。

・担任、校長に理解がありました。クラスの子たちにも上手に説明してくれて何もトラブルなしでした。それから本人のモチベーションが上がり、登校するのを嫌がらなくなりました。

・学校を通して、スクールソーシャルワーカーの方を紹介していただいて、そこから、相談員の方も紹介していただき、学校以外の相談する方が出来たこと。療育の病院にも同行してくれるため、子どもが母や学校の先生以外の方と関わりがもてるようになったこと。

・家と学校以外に居場所があったこと。また、そこで出会うスタッフさんやボランティア（主に大学生）さんからいい影響や刺激をもらい、一緒に遊び、勉強（興味のある内容のみ）もして、自信が付き自己肯定感もぐんと上がった。

・なんと言っても救われたのは親の会でした。

・初めて、適応指導教室へ伺ったときは、玄関でよくこれたねと優しく受け入れて貰えたこととと、出来ないことを責めない、寝坊しても正直にそれを話して、出来なかったら次出来るようになればいいのだからと受け入れて貰えたことが親子で嬉しかった。

・担任が子どもの事を気にかけて、家庭訪問してくれた。繋がりのある先生も同伴してくれたり、じっくり話を、聞いてくれた。大丈夫と信じてくれた。
・オンラインで不登校の親とつながり話したり、現状、体験談などを共有できることはとてもいい。親が不登校の悩みを抱える子と同じように悩み苦しんでいる人は多く、親自身を元気にしてくれる機関はなかなかない。親が元気でない状態は、子供にとって一つもいいことはない。
・通信制高校の先生がたくさん話をしてくれて、心療内科の先生も寄り添ってくれた事。
・スクールカウンセラーの先生が親身に相談にのってくださったこと。
・不登校の会で、同じ境遇の親達と話しができ、共感できた事が自身の不安を払拭でき、心の支えにできた。今でもあの場所がなければ、どん底にいたかもしれない。
・放課後登校など、個別な対応。
・フリースクールの先生と繫がることが出来たことが一番の喜びです。
・多くの専門家の大人が精一杯の対応をしていただきました。それらは言葉以上に私と子供に伝わり、勇気をもらいました。

このように不登校に対しては、学校の先生、スクールカウンセラー、スクールソーシャルワーカー、教育支援センター（適応指導教室）の先生や相談員、心療内科医、フリースクールなどの民間支援施設の専門家も支援してくれるし、不登校の親の会などで同じ経験をした、あるいは今も経験しているほかの親たちの話も聞ける。そのような支援を受けたり、情報を得たりしながら、親自身が気持ちを落ち着かせ、冷静さを保つように心がけることが大切である。

かかわりをもてるように導くことも大切

不登校の子に対しては、担任の先生や同じクラスの友だちが家庭訪問をすることもある。訪問しても、本人にまだ会う覚悟ができずに門前払いになってしまうことも少なくないが、それでもそうした支援を断つべきではないだろう。

強引に会わせるのは望ましくないが、あまり強引にならないように配慮しつつ訪問を続けてもらうと、なかなか会えないにしても、先生や友だちの訪問が何かのきっかけになることがある。

実際、先生の家庭訪問が再登校のきっかけになったという子もいれば、友だちが声をかけに来てくれたことが再登校のきっかけになったという子もいる。

前年度に不登校を経験した児童生徒を対象とした、文部科学省による先の「不登校児童生徒の実態把握に関する調査」報告書でも、一番最初に学校に行きづらい、休みたいと感じ始めてから、実際に休み始めるまでの間（休みがちになるまでの間）で、「どのようなことがあれば休まなかったと思いますか。実際にあったかどうかにかかわらず選択してください」という質問に対して、前年度に不登校状態にあった小学6年生の15・1％が「学校の友達からの声かけ」をあげ、11・4％が「学校の先生からの声かけ」をあげている。そして、前年度に不登校状態にあった中学2年生の17・4％が「学校の友達からの声かけ」をあげ、8・7％が「学校の先生からの声かけ」をあげている。

また「昨年、学校を休んでいる間、どのようなことがあれば学校に戻りやすいと思いますか。実際にあったかどうかにかかわらず選択してください」という質問に対して、前年度に不登校状態にあった小学6年生の17・1％が「学校の友達からの声かけ」をあげ、4・2％が「先生の家庭訪問」をあげている。そして、前年度に不登校状態にあった中学2年生の20・7％が「学校の友達からの声かけ」をあげ、6・2％が「先生の家庭訪問」をあげている。

ただし、後者の質問に関連して、嫌だった対応についても尋ねており、前年度に不登校状態にあった小学6年生の12・6％が「先生の家庭訪問」をあげ、6・3％が「友達からの声かけ」をあげている。そして、前年度に不登校状態にあった中学2年生の13・9％が「先生の家庭訪問」をあげ、6・3％が「友達からの声かけ」をあげている。

このように、友だちの声かけや先生の家庭訪問があれば学校に戻りやすかったという子もいれば、逆にそうした対応は嫌だったという子もいる。

学校の先生や友だちとのつながりを断ち切らないようにすることは大切だが、本人の気持ちを尊重し、まだ気持ちの準備ができていない段階で強引にならないように配慮する必要があるだろう。

何らかの役割を担うことが自分づくりになっていく

今の学校や家庭の問題点として、勉強する役割を強いることで、ありのままの自分でいられる場がなくなっているなどといわれることがある。そのままの自分でいられるというのは大事なことでもあるが、それは自分が成長し変化していかなくていいという意味ではないはずだ。

ここで改めて強調しておきたいのは、ときには苦しくても頑張って、スポーツでも、勉強でも、部活でも、学校行事でも、「できないことができるようになっていく」ことはとても大切なことのはずだということである。結果として、良い成績が取れない、試合に勝てないなど、思うような成果につながらなくても、頑張ることができた、できることが増えた、より上手になったと思えることで、自己肯定感は高まっていく。

その意味では、「そのままでいい」「頑張らなくていい」というのは、頑張りすぎて傷ついているときの緊急避難的な状況のための言葉であって、エネルギーが溜まってきたら適度に頑張ってみるべきだろう。頑張れるということ自体、自己肯定感を高めてくれる。そのためにも、結果にとらわれずにプロセスを重視する姿勢を身につけるように導くことも大切であろう。

今の学校で自分らしい生活が送れていないことが問題であり、もっと自分らしく過ごすことができないものかといった葛藤に苛まれることもあるだろうが、自分らしさというのはひとりで自分を見つめていれば見えてくるというものではない。

他者とのかかわりの中で見えてくるものもあり、何らかの役割に本気で没頭することで見えてくるものもある。この役割は自分に向いている、この役割は自分には向いていない、というようなことも自分らしさを知るヒントになる。

さらにいえば、役割の束《たば》が自分の基盤になるのではないだろうか。

実際、何らかの活動への参加がきっかけになって、自己肯定感が高まり、再登校の勇気が湧いてくることもある。

ただし、不登校状態のときは通常時とは異なるので、より緩やかな形で何らかの役割を担うように導くことが大切となる。

無理のない範囲で、アルバイトで役割を担うことが好転のきっかけになる場合もあり、ボランティアで役割を担い、人の役に立つ経験をすることが好転のきっかけになることもある。

不登校の時期に、介護施設でデイサービスのボランティアを経験することで自信を得て、不登校を脱するために受験勉強を頑張って、希望する高校に入学できたという子もいる。

不登校状態にある子は、みんなが通っているのに自分は通っていないということから、焦りや不安を感じつつ自信を失っている。そんなとき、何らかの役割を担うことができれば大きな自信になる。

さらには、家にこもらずに外の世界と接触するという意味でも、可能であれば何らかの活動に参加するのが望ましいし、それが事態の好転のきっかけになると期待したい。

おわりに

不登校が増え続けていることは、各種メディアを通して知っている人が多いと思うが、その実態についてはあまり知られておらず、かつての不登校のイメージが更新されていないようである。

本書では、最近の不登校の実態やその背景にある要因について詳しくみてきた。そこから浮上してきたのは、かつてのような「登校刺激を与えないように配慮する」といった対応では、かえって事態を悪化させかねないケースも少なくないということである。

なぜかといえば、かつてのような「学校に行かなければと思うのに、行けない」といった神経症的な不登校ばかりでなく、「学校に行きたくないから、行かない」

といった感じの不登校も増えているからである。そうしたケースでは、学校に行かないことによる心理的葛藤がみられない。それなのに登校刺激を与えないよう配慮していたら、かえって不登校を長引かせてしまいかねない。

また、このところ学校の価値を軽んじる風潮もみられ、学校に行きたくないなら行かなくてもいいではないか、と考える親も増えているようである。オンラインで在宅学習をすることも可能であり、その方が教室での一斉授業よりも個人の能力に合わせた学習ができるという見方もある。だが、それは個人の性質にもよる。よほど意志が強く、集中力が持続しない限り、在宅での個別学習を効果的に進めるのは難しいのではないか。

さらにいえば、学校での生活には、勉強をすること以外にも、さまざまな学びがあることを見逃してはならないだろう。そこで、本書では、学校に通うことの意義についても検討してきた。

そして、最後の章では、不登校に対して周囲はどのように対応したらよいのかについて考えてみた。

この本をまとめる過程で、私自身も不登校に対する見方を更新することができた。学校に行きたくない、という子どもたちの心理についての本をまとめるという企画を投げかけてくれた、平凡社新書編集部の和田康成さんに、心から感謝の意を表したい。

本書が、不登校に対する関心や理解を深めるきっかけとなれば幸いである。

榎本博明

【著者】
榎本博明（えのもと ひろあき）
1955年東京生まれ。東京大学教育学部教育心理学科卒業。東京都立大学大学院心理学専攻博士課程中退。心理学博士。カリフォルニア大学客員研究員、大阪大学大学院助教授などを経て、現在、MP人間科学研究所代表、産業能率大学兼任講師。おもな著書に『〈自分らしさ〉って何だろう？』『「さみしさ」の力』（ともに、ちくまプリマー新書）、『自己実現という罠』『教育現場は困ってる』『思考停止という病理《やまい》』（以上、平凡社新書）などがある。

平凡社新書１０５８

学校 行きたくない
不登校とどう向き合うか

発行日――2024年5月15日　初版第1刷

著者――榎本博明
発行者――下中順平
発行所――株式会社平凡社
〒101-0051 東京都千代田区神田神保町3-29
電話 (03) 3230-6573［営業］
ホームページ https://www.heibonsha.co.jp/
印刷・製本―図書印刷株式会社
装幀――菊地信義

ISBN978-4-582-86058-0

【お問い合わせ】
本書の内容に関するお問い合わせは
弊社お問い合わせフォームをご利用ください。
https://www.heibonsha.co.jp/contact/